Você mais saudável

Caro(a) leitor(a),
Queremos saber sua
opinião sobre nossos livros.
Após a leitura, siga-nos no
linkedin.com/company/editora-gente,
no TikTok @editoragente
e no Instagram @editoragente
e visite-nos no site
www.editoragente.com.br.
Cadastre-se e contribua com
sugestões, críticas ou elogios.

DANI FARIA LIMA

Prefácio de Flavio Passos

Você mais saudável

Conquiste de uma vez por todas **saúde e boa forma** sem abrir mão do **prazer de comer bem**

Diretora
Rosely Boschini

Gerente Editorial Sênior
Rosângela de Araujo Pinheiro Barbosa

Editora Júnior
Rafaella Carrilho

Assistente Editorial
Fernanda Costa

Produção Gráfica
Fábio Esteves

Preparação
Amanda Oliveira

Capa
Mariana Bocewicz Ferreira

Foto de Capa
Guilherme Bernardes

Projeto Gráfico e Diagramação
Gisele Baptista de Oliveira

Ilustração p. 145
Sagui Estúdio

Revisão
Andréa Bruno
Thiago Fraga

Impressão
Edições Loyola

Copyright © 2023 by Dani Faria Lima
Todos os direitos desta edição
são reservados à Editora Gente.
Rua Natingui, 379 – Vila Madalena
São Paulo, SP – CEP 05443-000
Telefone: (11) 3670-2500
Site: www.editoragente.com.br
E-mail: gente@editoragente.com.br

Dados Internacionais de Catalogação na Publicação (CIP)
Angélica Ilacqua CRB-8/7057

Lima, Dani Faria
  Você mais saudável : conquiste de uma vez por todas saude
e boa forma sem abrir mão do prazer de comer bem / Dani Faria
Lima. - São Paulo : Editora Gente, 2023.
  224 p.

ISBN 978-65-5544-300-4

1. Saúde 2. Hábitos alimentares 3. Culinária I. Título

23-3059   CDD 641.302

Índices para catálogo sistemático:
1. Saúde - Alimentação

NOTA DA PUBLISHER

A alimentação saudável tem se tornado um desafio da nova era. Ao mesmo tempo, cada vez mais se fala sobre o que, de fato, é "comida de verdade". Apesar disso, ainda é muito comum a crença de que comida saudável e nutritiva não é saborosa, que é difícil de preparar ou que tem um custo elevado e, junto a isso, a falta de planejamento em meio a uma rotina atarefada vira um prato cheio para más escolhas alimentares.

Por trás disso, muitas vezes, não paramos para pensar no impacto que a alimentação tem sobre a nossa saúde. No entanto, o que comemos reflete diretamente em como nos sentimos e, consequentemente, em quem somos. Nossa alimentação não é apenas uma necessidade fisiológica, mas também uma forma de nutrir o corpo e a mente, proporcionando energia, vitalidade e bem-estar.

Em *Você mais saudável*, Dani traz dicas práticas e um planejamento eficiente para você mudar não só a sua vida, mas a de toda a sua família. Com conhecimentos valiosos, a autora vai ensinar que você pode – e deve! – ser o agente ativo da sua própria saúde, desfrutando de todos os benefícios que uma alimentação saudável pode proporcionar. Não adie mais a tarefa de cuidar de si mesmo.

ROSELY BOSCHINI
CEO E PUBLISHER DA EDITORA GENTE

Com lágrimas nos olhos e o coração cheio de amor, dedico este livro às mulheres que acompanham o meu trabalho, minhas seguidoras de todas as redes sociais.

Mulher, foi para você que eu fiz cada capítulo.

O pouco que sei e o que aprendo a cada dia sobre alimentação saudável são fundamentais para proporcionar saúde e qualidade de vida à minha família, e sinto uma vontade enorme em compartilhar para que você experimente essa mesma sensação de bem-estar, amor e felicidade no seu dia a dia.

Desejo que, a cada prato de comida que aprender e servir à sua mesa, você se sinta abraçada por mim. Desejo também que essa refeição feita pelas suas mãos possa abraçar a sua família e todas as outras pessoas que você puder amar por meio de uma comida saudável de verdade.

AGRADECIMENTOS

A Deus, que me inspira e me sustenta o tempo todo. Ele revelou a minha vocação quando iluminou minha mente e direcionou um novo caminho a seguir. Como não agradecer a Ti, Senhor, por essa oportunidade que me destes de ser útil com algo simples, mas que faço com tanto amor: cozinhar. Mas o Senhor bem já sabia que era justamente essa simplicidade que transformaria a vida de várias outras mulheres e que, consequentemente, impactaria a vida dessas famílias. Muito obrigada, meu Pai amado.

Agradeço ao meu esposo e aos meus filhos, que sempre me apoiaram. Foi graças à minha família que me senti completa, que pude expandir o meu olhar sobre a alimentação saudável ao melhorar e ampliar o meu repertório de preparos. Antes deles, o meu olhar era voltado apenas para a minha alimentação, mas, a partir do momento que formei uma família, me senti convidada a também alimentá-los de maneira saudável.

Graças a esse compromisso de amor, desenvolvi diariamente preparos mais saudáveis que se adequassem às particularidades de cada um. E conto até hoje com a opinião sincera e amorosa deles e aceito elogios e críticas deles sobre o sabor de meus pratos. Esse amor me fez chegar aonde estou. Muito obrigada.

Também sou grata a todos os meus mestres e professores que estudaram e cozinharam muito antes de mim e que generosamente transmitiram seus conhecimentos em aulas preciosas. Graças a vocês pude cozinhar melhor e fazer felizes as pessoas que mais amo na vida. Em especial, quero agradecer à minha grande mestra: minha mãe, dona Esmênia. Foi ela quem me ensinou o preparo do arroz e do feijão perfeito, do frango suculento e dos refogados saborosos. Minha mãe não me ensinou técnicas culinárias; ela me ensinou a olhar os ingredientes simples na geladeira e usá-los para preparar a melhor comida do mundo. Obrigada, mãe. Graças à senhora aprendi a amar a culinária, a fazer o simples bem-feito sempre.

SUMÁRIO

12
PREFÁCIO

14
INTRODUÇÃO
UM COMPROMISSO
QUE É SAGRADO

19
CAPÍTULO 1
O QUE HÁ DE ERRADO
COM O QUE EU
GOSTO DE COMER?

46
CAPÍTULO 2
POR QUE AINDA
INSISTIMOS NO
QUE FAZ MAL?

68
CAPÍTULO 3
NÃO É SOBRE
DIETA, É SOBRE
ESTILO DE VIDA

84
CAPÍTULO 4
HORA DE ACORDAR!

109
CAPÍTULO 5
HORA DE SE PREPARAR!

141
CAPÍTULO 6
HORA DE AGIR!

168
CAPÍTULO 7
SAÚDE É FELICIDADE!

179
CONCLUSÃO
A COZINHA É UM LUGAR DE CONSAGRAÇÃO DO AMOR

188
UM LEQUE DE RECEITAS SAUDÁVEIS PARA INSPIRAR

PREFÁCIO

Existem momentos na vida em que a busca por conhecimento e autodesenvolvimento nos leva a trilhar caminhos surpreendentes e, muitas vezes, inesperados, possibilitando descobertas que transformam não apenas nossa existência mas também a das inúmeras pessoas que passam por nossa vida.

Minha jornada na área de nutrição começou como uma busca por melhorias na minha própria saúde e no meu bem-estar. Mal sabia eu que essa jornada por qualidade de vida se tornaria uma missão também profissional. Eu me tornei professor, empreendedor e um catalisador de mudanças para centenas de milhares de pessoas no Brasil.

Ao longo dos anos, minha busca pela saúde por meio da nutrição e da prática diária de hábitos saudáveis me levou a fundar a Puravida, empresa que hoje ajuda a transformar a vida de muitas pessoas com produtos e serviços de qualidade. Além disso, foi a nutrição que permitiu que eu compartilhasse meu conhecimento e paixão ao atuar como professor, inspirando dezenas de milhares de alunos a melhorar a própria vida e a de seus entes queridos.

Entretanto, um dos aspectos mais gratificantes e inesperados dessa jornada é o surgimento de "multiplicadores", isto é, aqueles alunos que, profundamente tocados pelo aprendizado de valor que receberam, se tornaram professores desse conteúdo tão precioso. Refletindo sobre o fenômeno, percebi que sou um desses multiplicadores, alguém que aprendeu com mestres e, com o tempo, tornou-se porta-voz desse estilo de vida.

E é com grande orgulho e admiração que apresento a vocês uma das mais notáveis e importantes multiplicadoras que tive a oportunidade de inspirar e iniciar através do meu trabalho: Dani Faria Lima.

Dani é uma pessoa única, profissional dotada de qualidades raras que a tornam um verdadeiro tesouro no universo da nutrição e da saúde. São infinitos sua humildade para aprender, seu comprometimento para colocar em prática e sua criatividade para criar um estilo próprio de cozinhar e ensinar.

E, claro, um fator importantíssimo: seu carisma sincero e natural que aproxima a todos de um universo que antes poderia exigir o conhecimento de "nutricionês". Essas são apenas algumas das virtudes que a tornam uma pessoa e profissional tão especial. Além disso, Dani tem um talento incrível para transformar ingredientes saudáveis em comida deliciosa, bonita e benéfica à saúde, sem nunca perder o mais importante: o afeto.

O destino mostrou que eu precisava me concentrar em meu principal talento, que é empreender, criar e multiplicar essa essência do bem viver por meio de uma alimentação equilibrada. Quando precisei deixar o cargo de professor, o fiz com o coração aberto, pois sabia que algumas das sementes que espalhei ao vento haviam se transformado em árvores frondosas e frutíferas.

Dani é uma dessas árvores, cujos frutos agora se espalham pelo mundo, levando saúde e bem-estar a tantas pessoas. Parabéns, Dani, por tudo o que construiu e ainda construirá. Sei que sua existência torna melhor a vida de muitas pessoas, então desejo a você todo o sucesso do mundo!

Com admiração e gratidão,

FLAVIO PASSOS
EMPREENDEDOR, COMUNICADOR E PESQUISADOR EM SAÚDE, FUNDOU A PURAVIDA COM A MISSÃO DE DISSEMINAR A IDEIA DE QUE A SAÚDE PLENA COMEÇA COM UMA BOA NUTRIÇÃO

INTRODUÇÃO

Um compromisso que é sagrado

Como mulher, mãe e esposa que sou, sei que você é muito mais do que a sua forma física, a aparência da sua barriga, do seu bumbum ou dos seus seios. Sei que o seu corpo conta uma história e registra marcas da sua trajetória de vida, e essa é a primeira coisa que respeito em você. Mas sabe com o que me importo também? Com a maneira como todas nós nos sentimos ao habitarmos esse lar que é o nosso corpo físico. É ele que nos leva aonde queremos chegar, e é por meio dele, afinal, que conquistamos os nossos sonhos, experimentamos e compartilhamos o que há de mais sagrado na nossa existência: a conexão com as pessoas e a expressão da nossa verdade.

Mas em que condição está esse corpo que acolhe, ou que já acolheu outras vidas, seja no ventre, nos braços ou no coração? Como está o seu sentimento em relação a ele? Como está a mente que o governa? Que tipo de acolhimento dá para o ser humano que o habita? Para muito além do que se enxerga no espelho ou na balança, essa é a primeira compreensão necessária para elevar os cuidados com a sua saúde.

O simples reconhecimento do corpo como templo sagrado poderia ser suficiente para conduzir cada pessoa a um compromisso verdadeiro e fiel de cuidado, a fim de fazer da própria vida uma experiência melhor, dentro da responsabilidade e liberdade de escolha de cada uma – fazer votos com a própria saúde, do mesmo modo como nos casamentos, sabe?

Quando decidimos nos unir a outra pessoa em matrimônio, o fazemos a partir do sentimento de amor, sentimento que nos leva à decisão de compartilhar a vida e construir uma nova história juntos. Assim, fazemos votos de amar e cuidar e priorizamos honrar esse compromisso firmado diante de Deus e das pessoas mais importantes para nós. Por que, então, não aplicar esse mesmo princípio ao primeiro e mais importante vínculo que devemos desenvolver, que é o relacionamento com nosso interior?

É esse tipo de compromisso que permite a cada um escrever para si a história mais linda possível, honrando o corpo que lhe foi confiado, com a consciência de que o cuidado com a alimentação é uma expressão de amor-próprio e de autocuidado, e com a compreensão de que a comida serve como combustível para o corpo funcionar. A comida sustenta o corpo. E prover aquilo que nos sustenta faz parte da essência humana. É assim que fomos criados para ser.

Uma das maiores dores que o ser humano enfrenta no mundo de hoje é a perda da sua essência. Sabe aquela sensação de estar deslocada? O sentimento ruim de fazer algo que não tem a ver com a sua vocação ou de estar em um lugar onde não sinta um pleno pertencimento? A ideia de que algo está errado, que as coisas não fazem sentido e que você não consegue se encontrar? Tudo isso são diferentes resultados de se afastar da própria essência.

Todas as vezes que nos afastamos da nossa natureza, daquilo que nos foi instituído, perdemos a nossa essência. E com a comida acontece o mesmo: ao perder-se da prática de cuidar da própria alimentação, perde-se o propósito maior, que vai muito além dos cuidados com a forma do corpo. Perde-se a alegria dos relacionamentos interpessoais que o universo culinário proporcionou em toda a história e perde-se ainda qualidade de vida como consequência dos incômodos e até patologias que a falta de uma alimentação equilibrada pode trazer.

Essa é, infelizmente, a realidade de tantas pessoas que terceirizam a sua alimentação. Ao delegar para restaurantes, indústrias e supermercados essa função tão importante, receberam – junto com a praticidade – as consequências de uma alimentação rica em aditivos químicos alimentares (como corantes, aromas e conservantes) e nutricionalmente pobre. Afinal, ninguém vai se preocupar mais com a sua saúde do que você. Logo, ninguém vai preparar a sua comida tão bem quanto você mesma faria, na sua casa, com o objetivo de ser mais saudável.

A indústria alimentícia se movimenta para atender as necessidades das pessoas, que cada vez são mais urgentes. Mas quem fabrica alimentos em grande escala importa-se, sobretudo, com os lucros. Para isso, geralmente os insumos são mais baratos, com menos qualidade e com uma técnica de fabricação com alto nível de processamento para que aquele alimento dure mais tempo nas prateleiras e seja, assim, mais comerciável.

Reconheço que a evolução do nosso contexto social tem forte influência nesse comportamento. A mulher que antes cuidava da casa e cozinhava todas as refeições hoje trabalha fora, estuda e empreende ao mesmo tempo que faz o melhor que consegue para criar os filhos e fazer do lar um ambiente agradável. São muitas tarefas. E, com essa correria toda, vem a necessidade da praticidade para atender as demandas do dia a dia. Outro ponto que agrava esse cenário é a tendência humana à busca do prazer. Foi assim ao longo da nossa evolução, desde quando os homens eram caçadores e coletores e viver se resumia a fugir do perigo na selva e buscar o conforto nas cavernas, abastecidos de comida. Fazemos isso até hoje, no conforto do sofá, assistindo a uma série e comendo fast-food.

Mas sabe qual é a grande verdade que se perde no meio de tudo isso? Mesmo diante dos desafios da vida moderna, é possível retornar às nossas origens e resgatar esse pilar da nossa essência cuidando da alimentação e demonstrando, através dela, mais amor-próprio e por aqueles que estão sob nossa responsabilidade.

Quando falo em voltar às origens não estou sugerindo que você vá matar um frango no quintal para ter o que cozinhar no almoço, como a sua avó provavelmente fazia (a menos que você queira fazê-lo). Não é esse resgaste que estou sugerindo, pois entendo que o modo de viver mudou e agora temos que atender as demandas do contexto atual. Quando me refiro a voltar às origens e resgatar a essência, falo de assumir novamente a responsabilidade pela própria alimentação. Isso implica fazer o que for necessário, dentro das possibilidades, para que você se alimente melhor e para que esse hábito resulte em um corpo que demonstra equilíbrio em todas as partes.

A falta desse equilíbrio no corpo é responsável por uma série de incômodos que, de tão frequentes, parecem normais, mas não são.

Chega a ser curioso o modo como naturalizaram-se problemas como constipação, dores de cabeça, queimação no estômago, resfriados recorrentes, queda de cabelo, unhas quebradiças, distensão abdominal com excesso de gases, alergias respiratórias, dores articulares, insônia, fadiga e outros tantos incômodos aliviados com um remedinho aqui, outro ali. Muitos aceitam isso como parte da vida, quando, na verdade, a recorrência desses problemas não é natural e, por isso, não está tudo bem. Nosso corpo, em seu estado pleno, é livre de dores, e a primeira medida que nos aproxima dessa plenitude é a alimentação natural. Aquele dia no qual você se olha no espelho (chocada) e não se reconhece mais é apenas a última gota em um copo no qual o descuido com a alimentação foi pingado de gotinha em gotinha por muitos anos.

Acredito que, por estar aqui lendo este livro, você deve ter dúvidas e medos que são resultado de várias tentativas frustradas para conquistar saúde e boa forma e melhorar a qualidade de vida. Talvez você esteja cansada das privações de uma dieta restritiva, ou o seu orçamento não está elástico o suficiente para manter as orientações que recebeu sobre uma alimentação saudável. Talvez você tenha perdido o ânimo depois de tanto tempo dedicado a fazer tudo certinho, seguindo à risca aquele método que lhe prometia um resultado rápido.

Eu entendo você, pois também passei por isso. Meu corpo já foi um laboratório ambulante, fez testes de tudo o que é dieta que você possa imaginar – dieta do sol, da lua, da sopa, sem carne, sem fruta – e é por isso mesmo que posso lhe dizer com propriedade: calma! Alimentar-se de maneira mais saudável e desfrutar dos inúmeros benefícios desse hábito é algo totalmente possível. Você não precisa de extremismos, nem de muito dinheiro, tampouco de privações impossíveis de sustentar a longo prazo ou de uma rotina que exija uma capacidade sobre-humana. Você não precisa ser uma chef formada em gastronomia para saber cozinhar bem, nem uma nutricionista para escolher o que colocar no prato. Você pode fazer pratos deliciosos e saudáveis em todas as suas refeições de maneira simples e prática.

Neste livro, eu vou conduzi-la pelo caminho dessa conquista, mas preciso lhe dizer que, embora não precise de muitos recursos, técnicas e restrições rigorosas, você vai precisar de algo muito importante, sem o qual nem todo conhecimento do mundo funcionaria: comprometimento em aprender a viver de uma maneira diferente e ressignificar o modo de se alimentar. A boa notícia é que essa maneira que eu vou ensinar proporciona uma alimentação muito prazerosa e uma vida a ser desfrutada com muito mais qualidade.

Comprometida em cuidar melhor da sua saúde, você vai precisar deixar alguns hábitos para trás, como naturalmente fazemos ao assumir qualquer tipo de compromisso de mudança. Também vai precisar compreender alguns conceitos, adquirir uma nova consciência a respeito da sua alimentação e se organizar para transformar, através dela, a sua saúde e a sua vida. Nesse caminho, você vai precisar de receitas saudáveis, e isso eu também vou oferecer aqui. Mais do que lhe entregar várias receitas, quero ajudar você a incorporá-las à sua rotina com naturalidade para que você chegue a ponto de não precisar mais de um esforço consciente para se alimentar assim e simplesmente flua em um estilo de vida saudável, um novo hábito.

Por experiência própria, sei que fazer as pazes com a comida, com o espelho e consigo mesma é um processo difícil de se concluir sozinha. Este livro foi pensado para facilitar a sua jornada, com um conhecimento organizado para ser acessível, de fácil compreensão, e com mudanças para serem colocadas em prática desde o primeiro capítulo. Da compra no supermercado à organização da sua geladeira, eu vou ensinar tudo.

E, assim, eu convido: venha fazer desta leitura uma renovação de votos com a sua saúde! Ao firmar esse novo compromisso, entenda que este será diferente de tudo que você já tentou até aqui. Com seus votos renovados e força para mudar, estendo a minha mão para caminhar com você rumo à transformação de hábitos. Prometo que esta jornada será DE-LI-CI-O-SA e recomendo que aprecie cada página sem moderação.

CAPÍTULO 1

O que há de errado com o que eu gosto de comer?

É um dia comum na casa da Betinha. Como de costume, ela acorda e toma seu café da manhã antes de ir para o trabalho: um café bem docinho, suco de caixinha sabor laranja, um pão francês bem quentinho com margarina e outro com presunto e queijo. Para finalizar, um pedaço de bolo, de preferência o de cenoura com cobertura de chocolate.

Não é só uma refeição. São as memórias da Betinha postas à mesa! Tudo ali remete à sua infância, quando era sua mãe quem preparava o café da manhã. Antigamente, quando ela acordava, dona Valdete já havia colocado à mesa uma garrafa térmica com chá e outra com café (adoçados, como a Betinha gostava), uma caixinha de suco de laranja nos dias mais quentes, leite com achocolatado para o irmão mais novo – que a mãe chamava carinhosamente de "bezerrinho", porque, além de tomar o copo de leite, comia cereais com leite –, enquanto Edmundo, irmão mais velho, buscava os pães recém-assados na padaria perto de casa. O bolo com cobertura de chocolate já estava pronto desde o dia anterior. Quase todos os dias havia um bolo fresquinho na mesa. Dona Valdete era muito caprichosa.

Engraçado como cada pessoa desenvolve um hábito, não é mesmo? Betinha só tomava café comendo pão e gostava de comer bolo bebendo chá. Já os irmãos preferiam leite bem morninho "para dissolver melhor o achocolatado", eles diziam. A mãe começava com o suco bem gelado e demonstrava carinho aos filhos atendendo as preferências e manias de cada um. Mas a maior alegria dela era ver os filhos comendo um pedacinho do bolo que ela havia preparado. Ai de quem não comesse! Em pé, ao lado da mesa, como aquela que garante que todos comam bem, dizia "come o bolo que a mãe fez!", e é indiscutível que o melhor bolo da vida sempre é o bolo da nossa mãe.

Mesmo repleta de afeto, essa importante refeição na casa da família da Betinha carregava um problema: uma grande oferta de alimentos ultraprocessados e carboidratos refinados. E, se era assim na primeira refeição do dia, você pode imaginar a estrutura das demais refeições, dadas as preferências do paladar e hábitos alimentares de cada um: massas e outros produtos com farinhas refinadas, temperos completos em potes, sachês ou cubinhos, além de enlatados, embutidos, óleos refinados, açúcar, molhos prontos, maionese... ou seja, uma quantidade significativa de produtos industrializados e poucos alimentos naturais. A família era grande e o tempo era curto para cuidar da casa e cozinhar para tantas pessoas, dona Valdete argumentava – mas com a certeza de estar provendo o melhor que podia de acordo com seu conhecimento e, sem dúvida, o fazia com todo amor do mundo.

O modelo de alimentação ao qual Betinha aderiu e cultivou por muitos anos em atendimento às preferências do seu paladar e memórias afetivas – devido à falta de conhecimento sobre o impacto dos alimentos na saúde e no bem-estar do corpo, entre tantos outros fatores – resultou em um sobrepeso que sua mãe também apresentava. Infelizmente, além dos quilos a mais, quando se deu conta da necessidade de mudar os hábitos alimentares, ela estava pré-diabética, com transtorno de ansiedade e depressiva.

Você não precisa ir muito longe, nem fazer grandes esforços para reconhecer histórias como a de Betinha e dona Valdete no seu círculo social. Olhe à sua volta e veja como a maioria das pessoas está se alimentando nos restaurantes ou nas mesas de familiares e amigos que você frequenta. Observe também o reflexo dessa alimentação na qualidade de vida dessas pessoas.

Provavelmente você vai conseguir identificar no seu círculo de convívio alguma história parecida com a da Betinha e poderá avaliar como esse estilo de alimentação causa danos à saúde física e emocional, especialmente em longo prazo. E, caso a mesa da Betinha esteja posta aí na sua casa também, é um sinal de que você precisa atentar às consequências desse estilo de alimentação farta em produtos ultraprocessados e escassa de alimentos naturais.

A CONSEQUÊNCIA DE DESEMBRULHAR MAIS DO QUE DESCASCAR

Nem tudo o que é vendido como alimento nutre o seu corpo de maneira eficiente. Fazer essa distinção é simples e, a partir dela (e aderir à lista de compras que vou apresentar mais adiante), você se torna capaz de tomar decisões muito melhores no supermercado, pois entenderá a diferença que existe entre os alimentos de acordo com o nível de processamento ao qual foram submetidos: naturais, processados e ultraprocessados.

O alimento natural ou *in natura* é aquele comercializado da forma que foi obtido da natureza. É o caso de frutas, verduras, legumes, feijões, arroz, ovos, cogumelos, sementes, carnes bovinas, suínas, de aves e de peixes, sejam frescas ou congeladas; temperos frescos, especiarias, entre outros alimentos que, assim como esses, foram, no máximo, lavados, cortados, polidos e embalados, sem passar por nenhum processo que alterasse a sua estrutura e, portanto, bastante saudáveis.

Os processados são os alimentos *in natura* que passaram por um grau pequeno de processamento. A maioria obedece a esta fórmula: alimento *in natura* + ingredientes culinários naturais como temperos, sal, azeite, vinagre, limão + manipulação simples = a origem de um novo alimento. Vamos aos exemplos para facilitar.

- **Atum em lata** = atum (alimento *in natura*) + água/azeite e sal (tempero, gordura) + enlatamento (processo simples de produção);
- **Iogurte natural** = leite (alimento *in natura*) + fermentos lácteos (ingrediente culinário de origem natural) + fermentação (processo simples de produção).

Esses são alimentos com poucos ingredientes e poucas etapas de produção, que têm suas características naturais preservadas. É o que acontece, também, com sardinha enlatada, tomate pelado, mostarda de Dijon, bacalhau, queijos curados, azeitona em lata. Até pães de fermentação natural entram nessa classificação, pois têm poucos ingredientes e passam por um processo simples de fabricação.

Embora tenham sido acrescidos de ingredientes e manipulados antes da disponibilização para consumo, o modo como isso é feito faz com que não deixem de ser saudáveis quando utilizados com moderação. A indústria descascou, higienizou e conservou para que possamos utilizá-los com maior facilidade em nossos preparos na cozinha, inclusive como incremento para deixar a comida saudável mais saborosa.

Já os ultraprocessados são produtos alimentícios manipulados industrialmente a ponto de perder as características básicas. Esses alimentos são desenvolvidos a partir de vários ingredientes e muitas etapas de produção. A salsicha, por exemplo, é fabricada a partir de restos de carnes, geralmente de baixíssima qualidade, temperos ricos em sódio, gordura hidrogenada, aditivos artificiais criados em laboratório para dar um novo cheiro e sabor mais atrativos, corantes para alterar a cor, espessantes para modificar a textura e substâncias para aumentar a resistência, de modo que fique mais tempo disponível na prateleira, o que a torna comercialmente mais rentável.

Em outras palavras, esses produtos têm tantos ingredientes e etapas de processamento que acabam dando origem a outro alimento, que não tem mais as características originais, tampouco os nutrientes do produto *in natura*, e ainda possuem muitas calorias. É o caso do macarrão instantâneo, dos salgadinhos "chips", das bolachas recheadas, sucos de caixinha, refrigerantes, achocolatados, nuggets, presunto, mortadela, pães de fôrma, bolos em pacotinhos, iogurtes saborizados, massas congeladas, sorvetes de pote, molhos enlatados... de natural, não lhes sobra nada. São rápidos e práticos porque, em vez de higienizar, descascar e cozinhar como os alimentos naturais, os ultraprocessados só precisam ser desembrulhados e já estão prontos para o consumo.

O problema é que, nos dias de hoje, grande parte da população, assim como Betinha, pratica muito mais o trabalho de desembrulhar do que o de descascar os alimentos para consumi-los na forma mais natural, o que resulta numa cozinha cheia de produtos artificiais, calóricos e pouco nutritivos. E esse comportamento tem como consequência diversos danos à saúde física, mental e emocional, entre os quais vale destacar as doenças crônicas, muitas das quais estão intimamente relacionadas com o consumo de alimentos ultraprocessados, carboidratos refinados e bebidas adoçadas.

São classificadas como doenças crônicas aquelas que se instalam no corpo lentamente, ao longo dos anos, que são difíceis de se tratar e que, na maioria das vezes, poderiam ter sido evitadas por um estilo de vida equilibrado. Para a Organização Mundial da Saúde (OMS), os maiores problemas de saúde que acometem a população atualmente são as doenças cardiovasculares, a diabetes tipo 2 e o câncer – responsáveis por mais de 70% das mortes no Brasil nos últimos vinte anos.[1]

A RELAÇÃO ENTRE OS HÁBITOS ALIMENTARES E AS DOENÇAS CRÔNICAS

Uma pesquisa recente[2] considera que o consumo de produtos alimentícios ultraprocessados pode aumentar em 63% o risco de obesidade, em 45% o risco de acúmulo de gordura abdominal e em 63% a chance de acúmulo de gordura visceral (aquela que fica entre os órgãos e que, por essa razão, é tão perigosa).

Embora sejam comprovadamente prejudiciais à saúde quando consumidos em excesso, esses produtos alimentícios são bastante convidativos, porque é prático abrir um pacote e ter pronta uma comida que dispensa qualquer tipo de preparo e também porque somos atraídos pelas embalagens criativas que chamam atenção com cores e promessas, mas que no final entregam um produto com sabores e texturas que agradam adultos e crianças.

O problema é que, com o tempo, uma alimentação rica em produtos ultraprocessados começa a comprometer as funções vitais do organismo pela falta de nutrientes essenciais, bem como pelo excesso

---

1   WHO reveals leading causes of death and disability worldwide: 2000-2019. **World Health Organization**, Geneva, 9 dez. 2020. Disponível em: https://www. who.int/news/item/09-12-2020-who-reveals-leading-causes-of-death-and-disability-worldwide-2000-2019. Acesso em: 28 set. 2022.

2   NERI, D. *et al.* Associations Between Ultra-processed Foods Consumption and Indicators of Adiposity in US Adolescents: Cross-Sectional Analysis of the 2011-2016 National Health and Nutrition Examination Survey. **Journal of the Academy of Nutrition and Dietetics**, v. 122, n. 8, p.1474-1487.e2, ago. 2022. Disponível em: https://www.sciencedirect.com/science/article/abs/pii/S2212267222000338. Acesso em: 28 set. 2022.

de ingredientes incompatíveis com as necessidades da biologia humana. O consumo desenfreado desse tipo de alimento ultrapassa a proporção que o corpo consegue digerir dessas substâncias, e ele responde a esse excesso com um processo inflamatório generalizado. É aqui que começa a ser construída, por exemplo, a situação que faz das doenças cardíacas a causa número 1 dos motivos de morte no mundo todo.[3]

Você já deve ter escutado que o colesterol é o responsável pelos infartos. E é fato que o excesso de colesterol circulando no corpo é um sinal de alerta grave. Contudo, esse que circula dentro do corpo não é de todo ruim, tampouco provém apenas das gorduras ingeridas. Na verdade, 80% a 90% de todo o colesterol disponível no corpo humano é o próprio organismo que produz, de tão importante que ele é para a nossa sobrevivência.

O colesterol é usado pelo nosso organismo para produzir hormônios como o estrogênio, a progesterona e a testosterona, indispensáveis para o equilíbrio da nossa saúde. Ele interage com o sol para produzir a vitamina D, que é um pró-hormônio essencial para a imunidade, fixação do cálcio nos ossos e o bom funcionamento cerebral. Também desempenha a importante função de restaurar tecidos danificados no corpo, inclusive os das artérias; e é nesse ponto que o colesterol começa a entrar na "cena do crime" quando o assunto é doença cardíaca.

Vamos construir juntas esse entendimento:

Entre os principais fatores que levam ao desenvolvimento de doenças cardíacas estão os processos inflamatórios gerados por um consumo regular de produtos ultraprocessados, ricos em gorduras, açúcares, sódio e aditivos alimentares. Esse estado de inflamação permanente causa lesões nas paredes das artérias, o que demanda maior circulação de colesterol dentro delas para reparar essas microfissuras.

Perceba que o estilo de alimentação pode demandar uma maior produção natural de colesterol para combater inflamações, que vai somar com o colesterol ingerido por meio dos alimentos. Essa quantidade maior do que a habitual de colesterol circulando dentro das artérias pode provocar acúmulo e entupimento – o que, em uma situação extrema, leva ao infarto.

---

[3] WORLD HEALTH ORGANIZATION. *op. cit*.

Por não compreenderem muito bem essa questão, quando são diagnosticadas com excesso de colesterol, as pessoas pensam que o fato se deve apenas à quantidade de gordura ingerida (inclusive as gorduras naturais dos alimentos, principalmente das carnes e laticínios), quando o problema também está relacionado com o consumo de açúcares e ultraprocessados. Por essa razão, é importante ressaltar que, no que se refere às doenças cardiovasculares, bem como a qualquer outra doença crônica, em vez da restrição alimentar, o que se deve buscar é a mudança para um contexto de vida mais saudável em todos os aspectos.[4]

Não obstante, muitos hipertensos recebem a orientação de cozinhar sem gordura quando descobrem que o colesterol está elevado. É claro que frituras com óleos refinados e gordura hidrogenada (margarina) não se encaixam de modo algum em uma alimentação saudável; contudo, se a pessoa não tem uma doença que realmente exija que ela renuncie a todas as fontes de gordura, não há indicação para excluir as gorduras naturais de alimentos como o azeite de oliva, seja frio ou no preparo de alimentos.

Não é a gordura natural dos alimentos que precisa ser eliminada quando o colesterol está alterado, pois essas são boas fontes de gordura que vão ajudar o corpo a se autorregular. O que se deve excluir ou evitar ao máximo são as gorduras que geram processos inflamatórios, como óleos de soja, milho, girassol, canola (todos em embalagens plásticas), margarina, açúcares, farinhas refinadas e bebidas alcoólicas.

Para quem precisa controlar o colesterol ou deseja prevenir doenças cardíacas, não adianta nada cozinhar sem azeite, não usar manteiga, evitar frutas ricas em gordura (como o abacate e o coco), retirar a pele do frango ou dispensar a gordurinha da carne e continuar abrindo exceções para doces, pães, bolachas, pizzas, massas, salgadinhos, sorvetes, cervejas e afins.

Eu sei que é difícil associar o risco de doenças cardíacas ao consumo de refinados e não somente de gorduras. Aprendemos a enxergar o colesterol como "vilão" e não como algo sem o qual não sobreviveríamos. Sabe por que tal confusão? Essa história é antiga...

---

4 SICHIERI, R. *et al.* Recomendações de alimentação e nutrição saudável para a população brasileira. **Arquivos Brasileiros de Endocrinologia & Metabologia**, v. 44, n. 3, jun. 2000. Disponível em: https://www.scielo.br/j/abem/a/vvvr8GQ3xwMJThHrXQW4jSj/?lang=pt#. Acesso em: 28 set. 2022.

No ano de 1900 foi realizado um experimento[5] feito em coelhos que avaliou os efeitos de uma dosagem altíssima de colesterol (gordura) em seu organismo. Como era de esperar, o resultado apontou o colesterol como nocivo para os coelhos, animais herbívoros e, por isso, com um organismo que não suporta ingestão de colesterol. Por algum tempo esse estudo foi a base para conclusões a respeito do colesterol em seres humanos, mas posteriormente foi reconhecido como um equívoco pelo fato de o nosso organismo ter uma fisiologia completamente diferente.

Em 1950, um estudo epidemiológico populacional[6] analisou o consumo de gordura de alguns países em relação à incorrência de doenças cardíacas naquelas populações. Mais um estudo falho, cujo autor, Ancel Keys, reconheceu que tal relação de maneira alguma serviria para afirmar que a gordura presente nos alimentos naturais provocaria doenças cardiovasculares em seres humanos.

Na década de 1960, a partir de estudos como esses, a classe médica e industrial, em conjunto com a mídia de massa, e a despeito de todas as evidências contrárias, difundiu a ideia de que o colesterol dos alimentos (incluindo os naturais) causava problemas cardíacos. Tal afirmação se compara à seguinte situação: há um incêndio criminoso, o bombeiro chega para apagar o fogo e é considerado culpado pelo simples fato de estar presente na "cena do crime". O bombeiro, aqui, é o nosso colesterol!

Foi com esse poder de influência da indústria alimentícia, valendo-se de grandes estratégias de marketing, que se popularizou a comercialização dos óleos vegetais e dos alimentos considerados "lights" como as melhores alternativas de prevenção às doenças cardiovasculares, em substituição às gorduras naturais dos alimentos ricos em gorduras saturadas (colesterol).

Pouco a pouco, o lugar da banha de porco, da manteiga, do azeite, da gordura da carne bovina e dos laticínios na despensa ou na

---

5 ENIG, M.; FALLON, S. **A verdade sobre gorduras saturadas**. Odi Melo (Trad). Documento eletrônico. Disponível em: https://flaviopassos.com/a-verdade-sobre-gorduras-saturadas. Acesso em: 28 set. 2022. TEICHOLZ, N. **Gordura sem medo**: por que a manteiga, a carne e o queijo devem fazer parte de uma dieta saudável. São Paulo: WMF Martins Fontes, 2020.

6 PERLMUTTER, D. **A dieta da mente**: a surpreendente verdade sobre o glúten e os carboidratos – os assassinos silenciosos do seu cérebro. São Paulo: Paralela, 2014.

geladeira das pessoas passou a ser ocupado por óleos vegetais refinados. Nessa mesma época, chegou-se, inclusive, ao grande equívoco da recomendação da gordura vegetal hidrogenada para pacientes com problemas cardíacos, como conta a autora Nina Teicholz no livro *Gordura sem medo.*[7] Em contrapartida, à medida que crescia a comercialização de óleos vegetais refinados, margarina e outros produtos light, assim como o consumo de farinhas refinadas e açúcar, cresciam os índices de doenças crônicas – incluindo as do coração.

Os óleos vegetais refinados também estão entre os alimentos que mais geram a produção excessiva das moléculas chamadas radicais livres. Estas, quando presentes em excesso no organismo, causam envelhecimento celular precoce e a instalação de um quadro de inflamação crônica, que deixa o corpo mais suscetível ao surgimento de doenças graves, entre as quais o câncer.

Todas essas informações são suficientes para compreender como migramos de um cenário no qual as pessoas morriam por vírus, bactérias ou velhice para outro no qual adoecem e morrem por doenças relacionadas, na maioria das vezes, com uma alimentação que contempla tudo que está distante do que é natural e adequado à espécie humana.

É triste a realidade de uma grande parcela da população que, além de conviver com doenças causadas por maus hábitos alimentares, se depara com crenças erradas e dúvidas que dificultam o processo de mudança de hábitos. Para essas pessoas, os embutidos e molhos enlatados geralmente não são vistos como alimentos que poderiam gerar um problema de saúde, mas muitos têm medo da gordura da gema do ovo, do abacate e da pele do frango, quando, na verdade, a preocupação deveria ser o contrário. É difícil aceitar que um grande problema de saúde possa começar com alimentos consumidos desde a infância, pois, assim como no caso da Betinha, esses hábitos alimentares contam aquela história de vida.

Apesar das confusões tão comuns no cuidado com a própria alimentação, qualquer pessoa que tenha um bicho de estimação em casa procura se informar sobre o que o cachorro, gato ou papagaio pode ou não comer, e o faz para que seu pet viva mais e melhor e para que você tenha a companhia do animalzinho por mais tempo.

---

[7] TEICHOLZ, N. *op. cit*.

Se o seu cachorro quiser comer algo que você esteja comendo e que não seja adequado para ele, você não vai permitir para não o prejudicar, não é verdade?

Agora eu pergunto: se existe um cuidado com a alimentação dos animais de estimação (e assim deve ser!), por que então não estender esses mesmos cuidados a você e sua família? É esta a ideia que proponho: desenvolver uma alimentação ideal, principalmente no que se refere à alimentação das crianças que, por estarem em fase de crescimento, necessitam ainda mais de todos os nutrientes imprescindíveis para um desenvolvimento saudável.

Certa vez, enquanto fazia as unhas no salão de beleza, escutei duas mulheres conversando sobre seus cachorros. Uma delas falava justamente sobre os cuidados que tinha com a alimentação do bichinho, que exigia um cuidado rigoroso como parte da preparação dele para os frequentes campeonatos de "pet mais bonito" que participava. "Eu quase morri do coração quando vi que ele estava comendo um pedaço do salgado de salsicha que o meu filho pequeno deu para ele!", disse, aflita, só em lembrar o ocorrido. E sabe qual é a parte mais interessante dessa história? É que o salgado que não era adequado para o cachorro, em hipótese alguma, seria recomendável para a criança que o comia.

Assim como nos preocupamos em oferecer para o cachorro uma comida apropriada, devemos ter a mesma consciência de buscar para nós e para nossos filhos uma alimentação apropriada para o ser humano, aquela que a natureza sempre forneceu como alimento à nossa espécie.

ALIMENTAÇÃO E SAÚDE NA VIDA DAS CRIANÇAS

Uma das graves consequências da falta de compreensão sobre a importância de uma alimentação mais equilibrada pode ser observada nas crianças desta geração. Desde pequenas, já sofrem com doenças como obesidade, diabetes tipo 2, alergias alimentares e transtornos neurológicos agravados por uma alimentação rica em alimentos ultraprocessados.

Certa vez, um médico me explicou por que nenhuma criança poderia ser diagnosticada com transtorno do déficit de atenção com hiperatividade (TDAH) sem antes passar por uma reeducação alimentar, pois alimentos com corantes, açúcares, aditivos alimentares – a base da alimentação de muitas crianças atualmente – provocam um hiperestímulo no cérebro. Hiperestimulados, crianças e adultos com TDAH, autismo, depressão e outros transtornos de ordem cerebral apresentam maior dificuldade em se autorregular e, consequentemente, menor controle dos seus pensamentos, expressões e movimentos; comportamento que é, na maioria dos casos, o ponto de partida para um diagnóstico de transtorno neurológico.[8]

Diversos estudos comprovam que uma alimentação rica em alimentos ultraprocessados, em especial o açúcar refinado, agrava transtornos neurológicos.[9] Mas não precisamos ler inúmeros artigos científicos para constatar isso, basta observar o quanto ficamos agitados após a ingestão de produtos ricos em açúcar, principalmente as crianças, que são ainda mais expostas a esse tipo de alimento.

Houve uma situação em que eu estava na casa de uma amiga e me chamou a atenção a cena da sua filha de 4 anos correndo em círculos em volta da mesa, sem parar e por vários minutos, enquanto conversávamos. "Por que ela está correndo em volta da mesa assim, sem parar?", perguntei. Minha amiga respondeu: "Ela fica agitada quando come chocolate; é normal".

Ela não compreendia que aquele não seria o comportamento natural de sua filha se não fosse estimulada com tanto açúcar, e que a criança muito provavelmente não gostaria de estar correndo em círculos por tanto tempo. Eu vi aquele comportamento mais como um pedido de socorro: ela simplesmente não conseguia se controlar. A criança até poderia estar sofrendo de algum transtorno neurológico, mas a mãe já havia associado ao açúcar o gatilho que levava a sua filha a correr sem parar.

Estudos comprovam que, assim como o álcool e a cafeína em excesso, o açúcar e o glutamato monossódico, condimento adicionado

---

[8] AMORIM, C. Alimentação para melhorar o TDAH. **Instituto Paulista de Déficit de Atenção**, 13 jan. 2023. Disponível em: https://dda-deficitdeatencao.com.br/artigos/tdah-alimentacao.html. Acesso em: 28 abr. 2023.

[9] PERLMUTTER, D.; LOBERG, K. **Amigos da mente**: nutrientes e bactérias que vão curar e proteger seu cérebro. São Paulo: Paralela, 2015.

a inúmeros alimentos industrializados como "realçador de sabor", interferem na capacidade de uma pessoa se autorregular.[10] Agora, imagine o efeito do mesmo estímulo causado pelo açúcar em uma criança que, por sua natureza, já precise lidar com algum transtorno de origem neurológica. A autorregulação é muito mais difícil, se não for impossível.

Além do TDAH, outras doenças que se instalam no cérebro, como a depressão e o Alzheimer, têm relação direta com o consumo de alimentos refinados e ultraprocessados.[11] Não se considera o consumo de açúcar como a causa propriamente dita das doenças e transtornos sobre os quais estamos falando, porque depressão e os transtorno de ansiedade, por exemplo, são multifatoriais. Mas é constatado que o consumo de açúcares configura um agravante desses problemas devido à hiperestimulação que provoca no cérebro.

E não são só os transtornos de ordem neurológica que se agravam sob a influência de uma alimentação artificial e rica em açúcares: a obesidade também é um resultado dessa mudança na alimentação. Muitas crianças estão acima do peso e isso não é natural. Ninguém nasce para ser obeso; essa condição é desenvolvida e, hoje em dia, tem se desenvolvido cada vez mais cedo, desde a primeira infância.

É comum ver crianças se alimentando de produtos altamente calóricos e pouco nutritivos, sem os hábitos básicos de comer frutas, legumes, carnes, beber água e dormir cedo. Muitas vezes, elas até se alimentam de arroz, feijão, carnes e verduras enquanto fazem as refeições de almoço e jantar com seus pais, mas a quantidade de produtos com farinha e açúcar que ingerem nos intervalos ultrapassa a capacidade do corpo de metabolizar todo o excesso de calorias vazias.

O corpo de uma criança em fase de crescimento gasta muitas calorias. É por isso que a maioria delas tem necessidade de se alimentar mais do que as tradicionais três vezes ao dia e sente mais fome do que um adulto – isso é natural e esperado. No entanto, para

---

10 CAROBREZ, A. Transmissão pelo glutamato como alvo molecular na ansiedade. **Brazilian Journal of Psychiatry**, v. 25, n. 2, dez. 2003. Disponível em: https://www.scielo.br/j/rbp/a/qMpdqcK4hhpQzyQx3hLnTVy/?lang=pt. Acesso em: 28 set. 2022.

11 PERLMUTTER, D. 2014. *op. cit.*

que o corpo de uma criança se torne um corpo adulto saudável, é preciso saciar essa fome com alimentos nutritivos e benéficos para a formação de todos os seus tecidos: ossos, músculos, artérias, órgãos internos, pele, unha e cabelo, que são formados principalmente pelas proteínas ingeridas; ou seja, para o desenvolvimento saudável de uma criança, os alimentos muito pobres em nutrientes não vão ajudar, serão apenas calorias vazias que se acumularão.

Não podemos deixar de considerar que existem os casos de obesidade ou sobrepeso infantil influenciados por uma predisposição genética. O campo da medicina ao qual compete esse estudo é a epigenética, mas mesmo ela considera que o estilo de vida pode, inclusive, se sobrepor à predisposição. Ainda que haja um fator genético favorecendo o desenvolvimento de uma patologia como a obesidade ou outra doença crônica, um estilo de vida saudável pode silenciar a expressão desses genes e evitar que a pessoa venha a adoecer. Assim, ao observar em determinada fase do desenvolvimento de uma criança o aumento de peso desproporcional, esse fato não deve ser considerado uma sentença, mas um sinal de que será necessário e urgente proporcionar uma conduta alimentar que ajude a prevenir a obesidade e todos os outros sintomas associados.

Ao falar em conduta alimentar que previna a obesidade, é importante compreender que não existe "o alimento que engorda" e "o alimento que emagrece", mas que cada alimento tem em si o potencial de nutrir o corpo e prejudicar a saúde, e o que mais importa, a partir disso, é o nosso comportamento diante dos alimentos.

Nenhuma criança vai se tornar obesa por comer um pedaço do bolo da avó ou por comer um brigadeiro na festa de aniversário do amigo. Mas aquela criança que come esse bolo todos os dias, ou que consegue comer semanalmente um x-burguer inteiro acompanhado de batatas fritas e uma lata de refrigerante, com milk-shake de sobremesa, está ultrapassando os limites do seu corpo e comprometendo a sua saúde no longo prazo.

Com os adultos acontece da mesma forma. Você não vai desenvolver a obesidade por comer um pedaço de pizza esporadicamente, mas, se tiver o hábito de comer alimentos desse tipo e em quantidades muito maiores do que o suficiente para saciar a sua fome, cedo ou tarde terá problemas decorrentes de tais hábitos alimentares questionáveis.

Recentemente ouvi um padre dizer, em uma das suas pregações, que o problema não está no pão ou na carne, ou seja, em algum alimento específico. Porque uma pessoa que come um pão e uma carne consegue se saciar com equilíbrio. Acontece que, hoje em dia, as pessoas não querem a saciedade encontrada no suficiente, mas o prazer encontrado nos excessos. Por isso, elas comem o pão, a carne, o queijo, a maionese, o ketchup, a mostarda, o refrigerante, a batata frita e ainda o sorvete como sobremesa. A oferta de novos prazeres é tão grande que se torna difícil o hábito de comer apenas o suficiente para saciar a fome ou nutrir o corpo, e essa busca pelo prazer nos excessos compromete muito a qualidade da vida das pessoas. É esse o comportamento que deve ser evitado para conseguir uma alimentação mais saudável e equilibrada.

NUTRINDO O CORPO OU PREJUDICANDO A SAÚDE?

Diante de tantas informações, você pode estar se perguntando: *Como saber se há um excesso de alimentos ultraprocessados na minha alimentação? Será que estou ingerindo muitas calorias vazias?* A resposta é bem simples e poderá ser encontrada a partir de uma autoanálise. O primeiro indicativo é o seu estado de saúde atual – o resultado dos seus últimos exames, seu bem-estar físico e mental. Agora, se você vive com incômodos com os quais aprendeu a conviver, considerando normal sentir dores de cabeça, azia, constipação, confusão mental e fadiga com frequência; se o seu peso atrapalha a realização de atividades simples como agachar para amarrar o cadarço, subir uma escada ou até mesmo correr de um cachorro; ainda que tenha exames laboratoriais em níveis considerados aceitáveis, esses são fortes indicativos de que você não está se alimentando adequadamente.

O segundo indicativo está na sua cozinha. Se na sua despensa e geladeira há temperos completos em potes ou sachês, caldos em cubinhos, molhos enlatados, conservas industrializadas, carnes processadas como salsicha, mortadela, presunto, peito de peru, calabresa, bebidas adoçadas de caixinhas ou garrafas, massas processadas, iogurtes saborizados, bolachas recheadas, salgadinhos chips, pote de sorvete, chocolate ao leite, ketchup e maionese tradicionais, molho inglês, shoyu, bebida alcoólica, leite condensado, pães de fôrma, farinha de trigo, margarina, óleos refinados e toda uma somatória de alimentos industrializados de todos os tipos, é sinal de que você está ingerindo farinha, açúcar, gordura, sódio e aditivos químicos alimentares em excesso.

Outro questionamento muito comum entre pessoas que estão começando a adotar um estilo de vida mais saudável é: *para ser saudável, preciso mesmo evitar doces?* Além de todas as informações sobre os riscos oferecidos pelo consumo excessivo de açúcar apresentadas até aqui, vamos observar o comportamento da natureza em comparação com o seu para chegar a uma conclusão.

O açúcar que a natureza nos fornece é sempre em pequenas doses, de modo sazonal, associado a fibras e nutrientes essenciais para o organismo. É assim que o doce se encaixa em uma dieta saudável: sendo natural, sazonal e rico em nutrientes e fibras – exatamente como o encontramos nas frutas, que são ótimo exemplo de alimento doce indicado para um estilo de vida saudável.

O doce industrializado, aquele que tem uma grande quantidade de açúcar refinado adicionada ao seu processamento, é o principal exemplo de caloria vazia, que não contribui em nada para nutrir o corpo e que prejudica a saúde, principalmente quando consumido em excesso e de maneira frequente na rotina, como é feito pela maioria.

A tendência ao exagero no consumo de doces acontece porque, diferentemente de qualquer outro alimento, o açúcar refinado aciona o sistema de recompensa e prazer no cérebro. Esse sistema é um mecanismo por meio do qual o ser humano se torna capaz de tomar decisões impulsionado pela sua inclinação natural à busca do prazer. Cada vez que vivemos uma experiência prazerosa, nosso cérebro produz um neurotransmissor chamado dopamina e registra essa experiência como uma ação que deve ser repetida, e, a cada repetição, o ciclo gerado no cérebro vai ganhando mais força. Quem controla a frequência com que essa repetição acontece é a área de modulação do cérebro, que nos ajuda a ponderar e tomar decisões de maneira racional.

O que acontece com o consumo de açúcar, no entanto, é que, além de liberar grandes quantidades de dopamina no organismo, durante o consumo nosso cérebro não consegue detectar nenhum sinal de saciedade devido à falta de nutrientes e fibras, o que pode gerar um comportamento compulsivo na ingestão de doces, bem como uma alteração de humor na abstinência deles, e levar à dependência, de maneira semelhante ao processo de vício em drogas.[12]

Esse problema nunca acontecerá com o açúcar natural das frutas. Não conheço ninguém que sofra de compulsão alimentar e esteja em um quadro de sobrepeso ou obesidade por comer sem parar banana, uva, laranja, melancia ou maçã. Embora sejam alimentos doces, saborosos e prazerosos, essas frutas possuem nutrientes e fibras que sinalizam saciedade. Em contrapartida, eu conheci pessoas que, tentando seguir suas dietas, se preocupavam demais com os carboidratos das frutas, mas abriam exceções com tranquilidade para as bolachas, lanches, bolos e qualquer outro alimento do tipo, sem se dar conta da quantidade de açúcar que estavam ingerindo nessas refeições.

É assim que os problemas decorrentes de uma alimentação pouco saudável vão se enraizando, aproveitando a falta de conhecimento sobre o potencial dos alimentos e o comportamento que se tem diante deles. Quantos de nós tivemos em nossas casas refeições como as da Betinha? Arrastamos por anos esses hábitos alimentares, sem ter consciência de que fariam tão mal. E, quando as consequências começaram a aparecer, acreditamos que o corpo era falho, que algo no organismo não funcionava direito, e passamos a conviver com sintomas desagradáveis, tentando aliviá-los com remédios.

Se esse é o seu caso, saiba que já foi o meu, e vou contá-lo a seguir. Nesta obra quero mostrar que é possível conhecer como é o seu corpo livre dos desconfortos, muitos dos quais podem ser evitados por meio de uma mudança na alimentação.

---

12 AVENA, N. M.; HOEBEL, Bartley G.; RADA, P. Evidence for Sugar Addiction: Behavioral and Neurochemical Effects of Intermittent, Excessive Sugar Intake. **Neuroscience & Biobehavioral Reviews**, v. 32, n. 1, p. 20-39, 2008. Disponível em: https://www.sciencedirect.com/science/article/abs/pii/S0149763407000589. Acesso em: 28 set. 2022.
DAVIS, C. From Passive Overeating to "Food Addiction": A Spectrum of Compulsion and Severity. **International Scholarly Research Notices**, v. 2013, 15 maio 2013. Disponível em: https://www.hindawi.com/journals/isrn/2013/435027/. Acesso em: 28 set. 2022.

EU TAMBÉM JÁ LUTEI
CONTRA O EXCESSO DE PESO

Sempre gostei de comer e já convivi com muitos desconfortos físicos e emocionais decorrentes de maus hábitos alimentares. Apesar de pertencer a uma família bem simples, minha casa cheirava a comida de sabor muito bom. Minha mãe fazia milagres com o pouco que tínhamos, e as minhas comidas preferidas na infância e adolescência eram arroz, feijão, batata, carne, banana, bolo e pão. Não tinha nada de errado em gostar desses alimentos, mas a proporção em que eu os consumia era desordenada.

No meu prato do almoço e jantar, por exemplo, o arroz com feijão preenchia mais da metade do espaço e os vegetais eram um pequeno detalhe. De fruta eu não costumava variar muito, e o bolo e o pão, por serem feitos com produtos refinados como farinha, açúcar e gorduras, deixavam o meu café da manhã e lanche da tarde fartos de calorias vazias.

Quando era criança, eu não tinha nenhuma preocupação com a minha saúde. Achava que era normal o meu intestino funcionar de vez em quando, evacuando a cada três ou quatro dias. Quando a constipação incomodava demais com dores abdominais e excesso de gases, eu resolvia tomando laxantes. E esses hábitos ruins ao longo de anos resultou em um excesso de peso e insatisfação com a minha aparência, o que prejudicou muito a minha autoestima.

Eu tive sobrepeso desde a infância, mas foi na adolescência que isso passou a me incomodar. Por volta dos 15 anos comecei a observar que as amigas da mesma idade que eram mais magras eram mais populares do que eu, e me escondia em roupas largas, a fim de evitar que marcassem o meu corpo. A comparação nessa fase da adolescência era praticamente inevitável. O fato de me sentir diferente da maioria das minhas amigas afetava não só minha autoestima como também o modo de me relacionar com os outros.

Hoje entendo que isso acontecia porque a autoestima é um princípio fundamental para a construção da autoconfiança. E autoconfiança é essencial para o nosso bom desempenho em qualquer âmbito da vida. Mais seguras e confiantes, temos maiores chances de desenvolver relacionamentos construtivos e bem-sucedidos – algo que eu sempre desejei para mim, e que antes de transformar os meus hábitos alimentares eu não conseguia desenvolver.

Eu sentia que tinha dois "problemas" para conseguir me relacionar e aprofundar esse entrosamento: a minha condição financeira e o meu sobrepeso, dois pontos que atrapalhavam meu estado de pertencimento. Na escola, era horrível a sensação de ser sempre a última escolhida para integrar os times nos jogos esportivos e de nunca ser convidada para festas e passeios entre amigos. A cada vez que essas situações se repetiam, eu pensava: *Não me convidaram porque não tenho dinheiro para ir* ou *Não me escolheram porque estou fora de forma e o meu peso afeta o desempenho nos esportes.*

Cansada desses problemas, eu quis dar um basta. O problema financeiro, contudo, não era algo que eu poderia resolver naquela idade, mas o problema do excesso de peso estava sob o meu controle, isso eu poderia mudar! E foi assim que, aos 15 anos, movida pela dor da baixa autoestima e do não pertencimento, comecei a minha jornada de emagrecimento.

Vejo que muitas mulheres protestam contra a existência de um padrão de beleza. Eu sou uma delas, acredite! Mas a reflexão que quero propor é a seguinte: como você se percebe em relação ao que é agradável aos seus olhos? Querer ficar mais bonita de acordo com a sua concepção de beleza não é algo que se faz, necessariamente, para se encaixar em um padrão. Se você estiver disposta a fazê-lo com consciência, esse ato será muito mais um resgate da autoestima e um cuidado com a saúde física e emocional do que uma mera questão de vaidade ou adequação.

A percepção que tenho hoje é mais madura do que a que eu tinha quando comecei a transformar os meus hábitos, mas o que eu já entendia, mesmo quando mais nova, era que as coisas pelas quais eu me sentia "excluída" eram as que incomodavam primeiramente a mim. Então não faria sentido permanecer em uma realidade que não gostava se sabia que podia transformá-la.

Buscar a beleza dentro do que é possível é natural, bom e saudável. Se você pode lavar e pentear os cabelos, por que mantê-los sujos e desarrumados? Se você pode cortar as unhas e mantê-las limpas, por que deixá-las descuidadas? Se você pode lavar as roupas, vesti-las cheirosas, passadas e ajustadas ao corpo, por que se importar apenas em cobri-lo com qualquer tecido disforme?

É comum existir em nós alguma coisa da qual não gostamos e que realmente não podemos mudar: talvez a altura, o formato dos pés ou das mãos, o comprimento dos dedos. Mas o sobrepeso não é uma dessas condições pelas quais você deve se dar como vencida. O simples fato de ser um excesso já significa que não pertence a você e, portanto, não precisa conviver com ele se não quiser.

Quando me vi decidida a me libertar daquele excesso que não me pertencia e que escolhi não mais carregar, procurei ajuda para alcançar o meu objetivo de emagrecer. A vontade era começar imediatamente, mas eu precisava de orientação, portanto agendei uma consulta pelo Sistema Único de Saúde (SUS) e esperei alguns dias até ser atendida pela especialista nutricional no posto de saúde do bairro onde eu morava.

A dieta que a nutricionista me prescreveu era bem simples. Um plano alimentar com poucas calorias que consistia, basicamente, em diminuir a quantidade de alimentos com farinha e arroz que eu consumia. Junto com o plano alimentar, comecei a caminhar diariamente por quarenta minutos, e o resultado foi a perda de 8 quilos em cerca de trinta dias. No entanto, por mais que o objetivo de "perder peso" estivesse alcançado, não demorei muito para descobrir que aquele plano alimentar não era o ideal para mim a longo prazo.

Eu perdi bastante peso em pouco tempo graças à restrição de calorias que fiz, uma consequência de um cardápio que não atendia à minha demanda diária de energia porque visava apenas à restrição calórica, sem uma oferta abundante de alimentos naturais. Resultado: um dia desmaiei no meio da rua enquanto voltava da escola para casa. Precisei ficar internada até me recuperar da fraqueza causada pela falta de nutrientes no meu corpo. E foi a partir desse episódio que passei a me interessar mais pela alimentação como uma ferramenta, e não só um meio para o emagrecimento, mas para a manutenção da minha saúde. Eu precisava entender melhor o que comia para que o meu emagrecimento não me levasse a adoecer.

O que comer para emagrecer com saúde? Descobrir essa resposta se tornou o meu desafio. Comecei minhas pesquisas por conta própria na biblioteca da escola, em sites e revistas de alimentação e estilo de vida. Procurava entender quais alimentos tinham um potencial nutritivo maior. Foi assim que descobri que brócolis são um alimento com valor nutricional maior que arroz, que mandioca é mais nutritiva que pão francês; e, a partir dessas descobertas, comecei a fazer escolhas diferentes na hora de comer.

Em vez de me preocupar apenas com a restrição de calorias e qualquer uma das fontes, passei a preferir as fontes naturais e fazer substituições mais funcionais como trocar o macarrão e os pães por tubérculos, e os bolos e doces por frutas. Também aumentei a quantidade de verduras e legumes no meu prato em todas as refeições, à medida que diminuí a quantidade de arroz e feijão. Eu não estava mais preocupada em comer pouca comida para ingerir poucas calorias, mas consciente do meu dever de priorizar refeições com maior valor nutricional. E o mais importante: entendi que privar o corpo de nutrientes essenciais é um problema tão grave na vida de um ser humano quanto o consumo em excesso de calorias vazias.

Esse foi o entendimento que me ajudou a persistir nos novos hábitos e continuar determinada a eliminar da minha rotina os alimentos que não me faziam bem – mesmo aqueles que eu havia comido a vida inteira – e substituí-los por outros que contribuiriam para o meu objetivo. Na verdade, essa mudança foi muito mais simples do que eu imaginava: a construção de um novo hábito alimentar se resume a priorizar os alimentos em seu estado mais natural possível, e isso estava de acordo com a minha realidade e tranquilamente ao meu alcance, afinal, alimentos como verduras, legumes, frutas, arroz, feijão, tubérculos e ovos eram bem mais acessíveis do que qualquer macarrão instantâneo, suco de caixinha, refrigerantes, bolachinhas e embutidos.

Eu estava com 16 anos quando adquiri essa consciência e comecei a ganhar mais saúde e autoestima somadas a um peso adequado à minha idade e ao meu porte físico. Desde então, minha busca por mais conhecimento sobre alimentação saudável se manteve constante e, além do emagrecimento, me trouxe inúmeros outros benefícios. Com mais autoconfiança, melhorei o meu posicionamento diante de praticamente tudo na vida, mas entre os maiores benefícios proporcionados pela vida saudável com certeza está a oportunidade de impactar positivamente as pessoas à minha volta, a começar pelas mais próximas e amadas: a minha família.

SAÚDE QUE CONTAGIA

Naquela época, o meu círculo de convívio mais íntimo contava com minha mãe, meu pai, minha irmã e meu namorado – o homem que comecei a namorar nesse processo de fortalecimento da minha autoestima e que atualmente é o meu marido. Nenhum deles seguia uma dieta saudável com o mesmo compromisso que eu tinha com a minha alimentação. Muitas vezes nossas escolhas sobre o que comer eram completamente diferentes, mas todo conhecimento que adquiria sobre saúde, boa forma e qualidade de vida eu compartilhava com eles, e me mantinha firme nas minhas escolhas, mesmo quando as deles eram opostas.

Aos poucos, a convivência com o meu processo de transformação fez com que eles se conscientizassem da importância de maiores cuidados com a saúde. Na mesma proporção, a geladeira e a despensa da casa de cada um foram ganhando mais vida, com a presença de mais e mais alimentos naturais.

Minha mãe é a grande responsável por eu saber cozinhar tão bem hoje. Foi ela quem me ensinou os primeiros preparos que fiz na cozinha e que me transmitiu boa parte do amor que sinto pelo ofício. Ela me ensinou a base, e eu pude ensiná-la a substituir óleos refinados por azeite; temperos industrializados por especiarias e ervas frescas; molhos industrializados por molhos naturais, caseiros e nutritivos. Ensinei-a como fazer bolos e pães funcionais e como conseguir uma textura crocante em preparos assados para eliminar as frituras por imersão em óleo refinado.

Esses são todos conhecimentos básicos para conseguir se alimentar de maneira saudável sem perder o prazer de comer – e eu vou ensinar todos eles ao longo deste livro. Além disso, minha mãe passou por um grave problema de saúde, momento de aprendizados extremamente importantes para minha família.

UM MILAGRE NA MINHA FAMÍLIA

Certo dia, no ano de 2012, minha mãe acordou com náuseas, diarreia, dor abdominal e a pressão arterial muito baixa; foi levada às pressas para o hospital e, quando atendida, já estava em estado de sepse, infecção generalizada que acontece quando o corpo produz uma resposta inflamatória aguda e generalizada diante de um quadro de infecção.

Ela era como milhares de outras mulheres que convivem com o intestino preso e pensam que viver constipada é normal, afinal, em toda a sua vida nunca tinha percebido seu intestino funcionar de outra forma. Mas, daquela vez, havia ficado quinze dias sem evacuar, com uma distensão abdominal aguda e parte do intestino necrosada.

Com a parede intestinal inflamada e permeável, o conteúdo do intestino ultrapassou a barreira intestinal e alcançou a corrente sanguínea, o que causou uma infecção que comprometeu o funcionamento dos demais órgãos do corpo. Em pouco tempo, o rim parou de funcionar e ela sofreu várias paradas cardíacas enquanto lutava pela vida durante quarenta e quatro dias internada, vinte e dois em uma unidade de terapia intensiva (UTI).

Minha irmã e eu escutamos de vários médicos a frase mais dolorosa que uma filha pode ouvir: "sua mãe pode morrer a qualquer momento". Mas, graças a Deus, por um grande milagre ela sobreviveu.

Antes desse problema acontecer, acostumada com a constipação, minha mãe tinha vários hábitos que agravavam o quadro ao serem prejudiciais ao funcionamento da microbiota intestinal. Ela comia muitos alimentos com farinha de trigo, ingeria bebida alcoólica com frequência, era fumante e sedentária. Tais hábitos resultaram também, aos 40 anos, em uma aparência mais envelhecida do que tem agora aos 65 anos com um estilo de vida totalmente diferente.

Ter de lidar com um problema de saúde dessa proporção foi a situação que a obrigou a mudar de vida. Depois desse episódio trágico ela parou de fumar, de beber, diminuiu o consumo de farinha de trigo, açúcar e industrializados, e passou a praticar atividades físicas. Como resultado, hoje ela tem muito mais saúde e qualidade de vida do que tinha há vinte e cinco anos.

AGARRE O QUE VOCÊ TEM E MUDE!

Histórias como a minha, da minha mãe e de muitas alunas dos meus projetos de culinária saudável me fazem lembrar todos os dias de que é a partir do desconforto que a transformação acontece. Eu sei que é difícil sentir desconforto, seja ele causado pelas dores físicas ou pela dor emocional, mas o que venho dizer hoje é que nesse desconforto pode estar o ponto de partida para uma mudança que proporcione a melhor fase da sua vida.

E é para essa mudança que eu convido você. Você precisa experimentar a sensação de fazer o melhor que pode pela sua saúde e desfrutar dos benefícios desse ato ao conhecer o seu corpo na melhor versão possível.

Não sei se o que trouxe você a esta leitura foi o desconforto ou a simples admiração por um estilo de vida mais saudável. Seja o que for – inspiração ou desespero –, agarre o sentimento e mude! Quando precisei tomar essa mesma decisão de mudança há mais de vinte anos, eu não tinha uma Dani Faria Lima para me ensinar a me alimentar melhor, mas você tem! E eu fico muito feliz em poder proporcionar a oportunidade de aprender e aplicar para trazer mais celeridade e efetividade ao seu processo de transformação. Preparada?!

MOLHO DE TOMATE NUTRITIVO: A HISTÓRIA QUE A RECEITA CONTA

O molho de tomate nutritivo surgiu para atender uma necessidade comum entre as mães: fazer as crianças comerem refeições mais saudáveis. A receita foi desenvolvida quando eu trabalhava como personal chef saudável e pensada para que minhas clientes pudessem oferecer aos seus filhos que amavam macarrão algo que também fosse natural, nutritivo e saboroso, com aparência daquele molho bem vermelhinho, sabe? Tudo para não causar estranheza nas crianças. Assim, um prato de macarronada, que geralmente tem pouquíssimo valor nutricional, se transformaria em uma refeição cheia de nutrientes com esse molho. Mas o que aconteceu com meu molho de tomate nutritivo foi muito além disso.

Ele deu início a uma revolução nas famílias à medida que crianças e adultos se apaixonaram pelo sabor. Além das massas, passou a acompanhar proteínas, sopas, legumes, e deixou a comida simples, caseira, mais saudável e muito mais saborosa.

Um fato engraçado sobre essa receita é que foi por causa dela que o marido de uma cliente que até então não se preocupava com uma alimentação saudável passou a fazer questão de ir à feira buscar os melhores tomates para – como ele dizia – "garantir o molho da semana". Bem faz ele que até hoje garante os tomates mais maduros, perfeitos para o molho, porque isso realmente faz toda diferença.

Não tem como explicar apenas com palavras. Tem coisa que só todos os sentidos permitem entender. O que posso dizer é que, quando você faz esse molho pela primeira vez, o sabor é tão incrível, o aroma tão maravilhoso, que dá vontade de comer puro, como uma sopa. Você vai querer colocá-lo nos refogados, nas carnes, nos peixes... e pode colocar! Porque ele deixa tudo mais gostoso.

Essa receita é realmente especial para mim. Foi por causa dela que muitas famílias se abriram para uma transformação de hábitos. Se você pode construir uma versão mais saudável e saborosa de um prato tão tradicional na mesa dos brasileiros quanto a macarronada, então, meu bem, você pode qualquer coisa! Foi com esse pensamento que as pessoas se animaram a fazer outros preparos saudáveis, só para combinar com o molho de tomate mais nutritivo e saboroso da vida. E, para mim, ter o poder de estimular a alimentação saudável é o que faz desse molho o sucesso que ele é.

É muito lindo na alimentação saudável poder observar a transformação dos alimentos. É especial ver a junção do tomate com o inhame e a beterraba dar origem a um alimento maravilhoso que não tem gosto de beterraba nem de inhame, mas gosto de molho, de macarronada, de infância. A cor é bonita, o cheiro é bom, a textura é agradável e o sabor é marcante – exatamente como uma comida saudável deve ser. É esse mix de sensações boas que a gente busca em uma comida, porque somos atraídos por todos os nossos sentidos.

Quando alguém me diz que quer se alimentar de maneira mais saudável, mas não sabe por onde começar, eu sempre respondo: COMECE PELO MOLHO DE TOMATE!

Comecei a acompanhar seus ensinamentos porque estava desesperada para emagrecer. Sou recém-casada e estava uns 9 quilos acima do meu peso ideal. Você me fez abrir os olhos sobre dieta. Eu ainda acreditava na história do peito de peru e requeijão light.

Aprendi com você que para emagrecer e ter saúde eu precisava aprender a fazer comida de verdade, com os ingredientes da natureza. E fui me libertando dos alimentos superprocessados. Foi difícil deixar o pão com queijo e presunto e o leite com chocolate, mas o bem-estar que eu sinto hoje supera tudo isso.

E eu preciso falar que foi o seu molho de tomate que acabou com todos os preconceitos que eu tinha da comida saudável. Ele é maravilhoso!
Obrigada por tudo, Dani.

APRENDA E APLIQUE

Depois de entender que nem sempre aquela comida que conquistou o seu paladar há muito tempo é a melhor opção, e de perceber quão importante é priorizar alimentos naturais, você vai aprender a preparar uma receita incrível, na qual todos os ingredientes são naturais. Já vou avisando que, para prepará-la, vai descascar mais do que desembrulhar, mas prometo que o esforço vai valer a pena, e que você vai comer o melhor molho de tomate da sua vida – o meu (que agora passa a ser seu).

MOLHO DE TOMATE
NUTRITIVO

ingredientes:

8 tomates italianos bem maduros picados em cubos, com pele e sementes

½ pimentão vermelho sem sementes e picado

½ cenoura média crua e ralada

½ beterraba pequena crua e ralada

1 cebola média picada fina

1 inhame pequeno cozido

2 dentes de alho amassados

½ colher de chá de sal

¼ de colher de chá de cúrcuma em pó

1 canela em pau

1 folha de louro fresco

2 colheres de sopa de azeite

Pimenta-do-reino a gosto

10 folhas de manjericão fresco para a finalização

Vamos fazer juntas? Aponte a câmera do seu celular para o QR Code abaixo e prepare-se para saborear o melhor molho de tomate caseiro da sua vida!

modo de preparo:

1. Aqueça uma panela em temperatura média, refogue no azeite a cebola, a canela, a folha de louro e a cúrcuma por cerca de um minuto, acrescente o alho e misture.

2. Assim que a cebola murchar e ficar transparente (sem dourar), acrescente os tomates, o pimentão, a cenoura, a beterraba e o inhame. Tempere com sal e pimenta-do-reino.

3. Tampe a panela para cozinhar bem os legumes e misture de vez em quando, para não grudar no fundo da panela. Não precisa acrescentar água.

4. Com 10 minutos de cozimento, retire a canela e deixe cozinhar por mais 5 minutos, totalizando aproximadamente 15 minutos de cozimento. O ponto correto é quando todos os ingredientes estiverem bem cozidos, quase derretendo. É importante que os tomates estejam bem maduros, a cenoura e a beterraba raladas e os demais ingredientes bem picados.

5. Desligue o fogo, retire a folha de louro, deixe amornar e bata o molho no liquidificador com as folhas de manjericão. Faça em duas etapas para não forçar a capacidade do aparelho, principalmente se o líquido ainda estiver um pouco quente.

6. Volte o molho para a panela e ajuste o sal, se necessário.

ATENÇÃO:
Algumas marcas de liquidificador, principalmente os modelos com copos de vidro, não recomendam bater líquidos quentes. Se for o seu caso, espere até o molho esfriar completamente antes de bater.

SUGESTÃO:
Acrescente esse molho em ensopados de carne, frango, peixe, legumes e em pratos como lasanha de berinjela, molho à bolonhesa, escondidinho e strogonoff. Resumindo: em qualquer preparo que leve molho de tomate, use esse a partir de hoje.

CAPÍTULO 2

Por que ainda insistimos no que faz mal?

Existe um versículo bíblico que diz: "E conhecereis a verdade, e a verdade vos libertará" (João 8:32). O texto completo se refere ao conhecimento das orientações de Jesus Cristo como instrução para uma vida livre das consequências do pecado. Mas a essência da mensagem é universal: libertar-se de algo prejudicial por meio do conhecimento sobre tal coisa, bem como de si mesmo em relação a ela.

Esse princípio também se aplica aos fundamentos de uma vida mais saudável: é preciso conhecer a verdade sobre os pontos primordiais que influenciam o seu estado de saúde. Assim, o conhecimento da verdade contribui para o desenvolvimento de suas ações e passa a gerar um comportamento novo capaz de transformar a sua realidade.

Viver uma mentira é algo que as pessoas conscientes não desejam, mas, de fato, a falta de conhecimento a respeito do que é ou não saudável configura um dos principais motivos para que muitas pessoas estejam insatisfeitas com a aparência, saúde e qualidade de vida.

Esse conhecimento, que pode mudar para melhor a sua relação com a comida e com o seu corpo, não é algo reservado apenas a especialistas. Ou você acredita que para ter uma alimentação saudável precisaria ser formada em nutrição ou depender de um acompanhamento nutricional? Não precisa! Embora o estudo aprofundado ou acompanhamento profissional colabore muito no processo, se essa fosse uma condição para se alimentar de modo saudável, as pessoas sem acesso a esses profissionais estariam condenadas a um corpo doente.

O conhecimento ao qual me refiro é a descoberta de que, para cada um de nós, independentemente do contexto em que vivemos, os hábitos alimentares que contribuem para a saúde começam com a resposta a uma simples pergunta: Qual é a alimentação ideal para que o ser humano se desenvolva e se mantenha saudável ao longo da vida? Ou melhor, cada um pode se perguntar: *Qual é a alimentação ideal para mim?*

Em auxílio a essa resposta, o Ministério da Saúde disponibiliza o *Guia alimentar para a população brasileira*.[13] Desenvolvido com uma linguagem acessível e didática, ele orienta a respeito de como a população deve se alimentar, considerando a diversidade das regiões do nosso país e as particularidades da nossa cultura alimentar, visando à preservação da saúde e à sustentabilidade.

Em suma, o material contempla quatro orientações e uma regra de ouro:

1. **Alimentos *in natura* ou minimamente processados** devem ser consumidos em maior quantidade, como base da alimentação;
2. **Óleos, gorduras, sal e açúcares** devem ser escolhidos de fontes naturais e utilizados com moderação;
3. **Alimentos processados** devem ser usados apenas como ingredientes em preparos culinários ou como uma parte pequena de refeições predominantemente naturais;
4. **Alimentos ultraprocessados** devem ser evitados.

REGRA DE OURO: PRIORIZAR OS ALIMENTOS NATURAIS.

O princípio é bastante simples. E, com apoio desse material de fácil acesso e gratuito, é possível se basear em um estilo de alimentação que seja praticável na nossa realidade latino-americana. Porque de nada adianta saber, por exemplo, que a dieta mediterrânea é saudável se os produtos que ela inclui não são acessíveis no Brasil por questões de produção e distribuição, entre outros fatores. Mas muitas pessoas têm dificuldade em acreditar em soluções simples, como as apresentadas no *Guia*, e isso acaba retardando o seu processo de mudança de hábitos alimentares.

Não compreender os princípios básicos de uma alimentação equilibrada é a raiz de muitos problemas relacionados a hábitos alimentares.

---

[13] BRASIL. Ministério da Saúde. Secretaria de Atenção à Saúde. **Guia alimentar para a população brasileira**. Brasília, 2014. Disponível em: https://www.gov.br/saude/pt-br/assuntos/saude-brasil/publicacoes-para-promocao-a-saude/guia_alimentar_populacao_brasileira_2ed.pdf/view. Acesso em: 6 out. 2022.

Pela falta de conhecimento, muitas pessoas não entendem quão problemático é o hábito de colocar três colheres de sopa de açúcar para adoçar uma xícara de café; não conseguem diferenciar um alimento que nutre o corpo de outro que é só fonte de caloria e que ainda pode ser prejudicial à saúde; e continuam colocando esses alimentos no carrinho de compras sem entender a devida dimensão da situação.

A confusão aumenta quando, em vez de simplesmente optar por alimentos de fontes naturais e comer de maneira equilibrada, essas pessoas se perdem na busca por novidades, se impressionam com propostas extraordinárias de dietas divulgadas sobretudo nas redes sociais por gurus da alimentação e acreditam em fórmulas mágicas e em soluções rápidas para seus problemas, ainda mais quando a proposta lhes promete que não terão trabalho algum para ter o corpo e a saúde que desejam.

É o que acontece com a Carmem, uma mulher inteligente, cheia de qualidades admiráveis que, depois de muito lutar contra o excesso de peso, se sente triste por olhar no espelho e não se reconhecer. Ela, que passou por tanta coisa na vida – conciliou a graduação com o emprego, se casou, engravidou, voltou para o mercado de trabalho, se separou, viveu o luto de perder alguém que ama –, ficou anos sem conseguir olhar para si e, quando finalmente olha, se dá conta de que está trinta quilos acima do peso recomendado.

Quando olha para si, Carmem enxerga um problema e quer resolvê-lo o mais rápido possível, porque não aguenta mais sofrer. Ela não quer se ver assim nem mais um único dia, tudo o que gostaria é acordar no dia seguinte e viver uma vida nova, de preferência sem aquele peso todo somado às complicações de saúde que o excesso de gordura impôs ao seu corpo. Então, começa sua busca pelo emagrecimento por meio de uma dieta rigorosa. Procura o chá poderoso ou o shake milagroso que traga uma solução que promete ser quase que imediata. Essa mulher quer algo rápido, fácil, prático, porque, quando chega nesse ponto, já não tem mais forças e não se vê capaz de conseguir um resultado que dependa do próprio esforço.

Desesperada, Carmem estaria disposta até mesmo a uma intervenção cirúrgica, mas aí vem a maior surpresa: até para uma cirurgia, ela precisa, primeiro, mudar os seus hábitos e emagrecer – o que a faz retornar à situação de "não saber mais o que fazer", pois já tentou de tudo e não conseguiu.

Não é culpa dela! O acesso fácil a um volume enorme de informações que antes eram tratadas apenas em consultórios e agora estão disponíveis na internet – muitas vezes divulgadas de maneira equivocada e até aterrorizante – deixa essa mulher cada vez mais confusa. Ela não sabe mais se é o chá A ou B que faz efeito; se come de três em três horas ou apenas quando sente fome; se corta o carboidrato para emagrecer; se evita a gordura do azeite por conta do colesterol; se corre na esteira ou prioriza a musculação; se adota uma dieta vegetariana ou se está tudo bem comer carne; se precisa mesmo investir em inúmeros suplementos…

Mesmo quando está tentando seguir um plano alimentar prescrito por um profissional, as informações divergentes não param de aparecer cada vez que ela olha para o celular e a dúvida continua. Até que, cansada de não saber o que fazer ou no que acreditar, e desmotivada por tentar aplicar várias coisas ao mesmo tempo e não ver resultado, Carmem desiste.

Entre uma tentativa frustrada e outra, ela vai passando a acreditar que se alimentar de maneira saudável é muito difícil, que os alimentos saudáveis são mais caros e que, quando preparados de modo mais natural e simples, perdem o sabor. Pensa que, para recuperar a saúde e manter a forma, precisaria saber detalhes da nutrição, contar calorias de tudo o que come e se tornar praticamente uma chef de cozinha, pois a impressão que tem sobre comida saudável é a de que é difícil de se preparar por conta dos ingredientes diferentes dos que consome habitualmente, além de acreditar que tudo isso exigiria disciplina e tempo inimagináveis para a sua realidade.

Ela acaba adiando uma nova decisão de mudança porque não consegue ver viabilidade para colocar tantas coisas em prática nesse nível de exigência criado pela influência das informações desencontradas. Tampouco tem motivação para tentar de novo quando pensa que, ainda por cima, terá de enfrentar o desconforto de deixar de comer muitos alimentos que fizeram parte da sua história, pela descoberta de que não são saudáveis. Assim, ela volta a insistir nos hábitos que lhe fazem mal, devido às dificuldades com que se depara no caminho da sua transformação.

E não é só com a Carmem que isso acontece. Com a minha experiência pessoal de mudança de hábitos e a convivência com milhares de mulheres que passam pelo mesmo processo, observei cinco principais dificuldades para construir um estilo de vida mais saudável:

1. Falta de tempo para se dedicar aos cuidados que uma alimentação saudável exige;
2. Falta de recursos para sustentar esse novo estilo de vida;
3. Dificuldade na execução das receitas mais saudáveis;
4. Medo de errar e de ser criticada;
5. Falta de apoio ou de companhia para persistir em seus objetivos.

FALTA DE TEMPO

Além de tudo o que já faço, como vou conseguir encontrar mais um tempo para cozinhar? Para algumas mulheres, a ideia de preparar a própria comida representa sobrecarga de trabalho. De fato, nossa agenda está lotada e a ansiedade diante de tantos compromissos é excessiva. Mas e se, em vez de uma obrigação, cozinhar fosse um momento para se desconectar? Um ato de entrega ao amor? Um investimento nos seus relacionamentos dentro do seu lar? E se o resultado disso se tornasse tão bom a ponto de você querer priorizar esse tempo? Culinária saudável é sobre isso também.

O contato com inúmeras mulheres que alegam falta de tempo me permitiu constatar que o problema é a falta de prioridade e organização. Quando existe planejamento, toda ação se torna mais prática, então falaremos sobre isso mais adiante e compartilharei o método que pratico até hoje e que mudou a rotina alimentar de muitas famílias.

Quando você se permite experimentar um jeito novo de fazer as coisas, também aprende a pensar e agir de maneira diferente e passa a revisar as suas prioridades. Assim, você consegue encontrar tempo necessário para realizar o que vai trazer resultados melhores do que os atuais.

O pouco tempo que empregamos hoje na cozinha é o que evitará longas horas gastas na fila de espera dos consultórios médicos todo mês, na realização de inúmeros exames, em internações e em várias idas à farmácia. E reflita: quando a doença aparece, achamos tempo para passar horas e mais horas no hospital. Portanto, tenho certeza de que você há de concordar comigo: vale muito mais a pena estar em casa com a família preparando o jantar do que internada comendo a comida do hospital.

FALTA DE RECURSOS

Você já observou a diferença de preço entre produtos como geleia, cereais, pães, bolachas, massas, doces, embutidos e laticínios em suas versões tradicionais em comparação com as light, diet, fitness, glúten free, zero lactose e com produção orgânica na composição? Em muitos casos a diferença é gritante. Talvez seja essa a primeira razão pela qual muitas pessoas pensam que se alimentar de maneira saudável custa caro.

Grande engano! Na verdade, a mudança de hábitos alimentares pode gerar uma economia significativa no supermercado. Explico: com tudo o que você leu até aqui, já deve ter percebido que trocar os ultraprocessados tradicionais por suas versões mais saudáveis não significa uma verdadeira mudança de hábito alimentar. A transformação está em mudar a base da alimentação para produtos mais naturais. Não é trocar o pão de fôrma por pão sem glúten, mas mudar o hábito de só comer pão e passar a consumir alimentos mais nutritivos, como mandioca, batata-doce, inhame, milho, ovos, frutas, entende?

Ciente de que para se alimentar de maneira mais saudável você deve, primeiro, construir para si uma boa base de alimentos naturais, a conta fica mais fácil.

Você deixa de colocar no seu carrinho de compras produtos como refrigerantes, sucos de caixinha, bolachas recheadas, salgadinhos, molhos de salada ou de tomate, maionese, ketchup, shoyu, molho inglês, massas industrializadas, macarrão instantâneo, salsicha, calabresa, presunto, mortadela, peito de peru, requeijão, catupiry, iogurtes saborizados, temperos completos, óleos refinados, margarina, batata pronta para fritar, nuggets, hambúrgueres industrializados, pizzas prontas, lasanhas congeladas, potes de sorvete, pães de fôrma, misturas para bolos, chocolates ao leite, achocolatados, cereais matinais açucarados e bebidas alcoólicas.

No lugar desses produtos, você passa a preencher o seu carrinho com comida natural de verdade: legumes, verduras, frutas, grãos, cereais integrais, ovos, carnes, azeite, manteiga, queijo, castanhas, ou seja, alimentos frescos.

Ao fazer essa mudança nas suas decisões no supermercado, você não só ganha espaço no seu carrinho como também economiza o suficiente para investir em boas fontes de gordura (como um azeite de boa qualidade) ou em farinhas especiais para o preparo de pães ou bolos saudáveis que entrarão na sua alimentação de vez em quando e que serão consumidos com moderação.

Na alimentação saudável, a economia se dá investindo no que é mais natural. Quando você compreende esse fato, percebe que a maioria dos ingredientes *in natura* é mais barata do que as versões industrializadas. Além disso, ao comer de modo mais natural, automaticamente passamos a ingerir um volume menor de comida, porque encontramos saciedade em porções menores, justamente por serem muito mais nutritivas. E comer menos também gera economia.

Essa melhora no comportamento em relação ao alimento acarreta mais uma economia significativa: os gastos que você deixa de ter com remédios, exames e consultas por conta dos problemas de saúde relacionados a maus hábitos alimentares. Os ganhos são tantos que o custo-benefício da alimentação saudável se torna indiscutível. E você vai perceber isso na prática lá no Capítulo 5, com a lista de compras que vou apresentar.

DIFICULDADE NA EXECUÇÃO

Quantas vezes você já ouviu alguém reclamar que não sabe cozinhar, que não gosta de cozinhar ou que, na correria do dia a dia, não sobra tempo para fazer a própria comida? É interessante observar a diferença desse comportamento entre uma geração e outra: eu aprendi a cozinhar aos 12 anos. Minha mãe me ensinou e me atribuiu a responsabilidade de cozinhar para a nossa família para que pudesse trabalhar fora. Hoje em dia é comum que jovens de 18 anos não saibam preparar a própria refeição e ainda não sintam a necessidade de fazê-lo.

Muitas mulheres não sabem cozinhar, e não importa a idade. Algumas porque terceirizaram essa tarefa, outras porque têm medo do quão difícil possa ser a atividade, ou ainda as que acreditam que cozinhar será uma perda de tempo. Mas o fato é que, para se alimentar de maneira realmente saudável e saborosa, é preciso aprender a preparar a própria comida. Pensa comigo: ninguém vai se preocupar mais com a sua saúde do que você; logo, quem será a pessoa mais capaz de preparar a melhor comida de acordo com as suas necessidades e preferências?

Preparar a nossa comida em casa é o único jeito de termos total controle sobre o que vamos ingerir, já que selecionamos desde os alimentos até os temperos que agregarão sabor aos pratos e os processos de cozimento pelos quais passarão. E isso não é difícil. Se eu aprendi com apenas 12 anos, tenho certeza de que qualquer pessoa consegue.

Acontece, no entanto, que a alimentação saudável é apresentada, na maioria das vezes, como complexa demais, com ingredientes de difícil acesso, preparos demorados e cheios de firulas, o que acaba fazendo parecer que preparar refeições saudáveis é mais complicado do que cozinhar qualquer outra coisa. Também existem propostas de alimentação saudável minimalistas demais, que focam apenas a retirada dos produtos não saudáveis, sem se preocupar com o sabor dos alimentos naturais que serão colocados em seu lugar; nesse caso, a comida perde o sabor, a atratividade, e o ato de comer passa a ser sem graça.

O que faz uma comida agradar ao paladar é o mix de sensações boas que provoca em nossos sentidos. A pipoca é um grande exemplo: como é linda uma tigela cheia de pipoca! Ao prepará-la, o cheiro é capaz de perfumar a casa toda. Quando você coloca um punhado de pipoca na boca, o sabor é muito bom. E como é gostoso escutar o barulho que faz cada mordida daquela pipoca bem crocante, não?! Todas essas sensações fazem com que a pipoca seja um dos alimentos mais desejados por crianças e adultos (e veja que estamos falando apenas de milho, um alimento tão comum). Despertar todos os sentidos ao mesmo tempo nos faz desejar comer pipoca. Aliás, tenho certeza de que você está com água na boca neste momento.

É possível sentir todas essas sensações na alimentação saudável. Elas só precisam ser construídas e, na maioria das vezes, de um jeito diferente do que se constrói em preparos não saudáveis. É necessário aprender um jeito novo de preparar, e isso não é difícil. É claro que vai necessitar de tempo para adaptar, mas é preciso desfazer preconceitos que existem, como a ideia de que se vai ficar presa na cozinha e que esse tempo "desperdiçado" nessa tarefa poderia ser usado para outros afazeres. Infelizmente, essa ideia equivocada faz com que muitas desistam antes mesmo de tentar ou quando algo não sai como o esperado.

Quem nunca errou algum preparo na cozinha? Desde os mais simples, como o ponto certo da batata para a salada de maionese ou um preparo mais complexo de carne assada que foi esquecida no forno. O fato de algo não sair como o esperado não nos faz desistir das nossas comidas favoritas. Por que, então, desistir da culinária saudável? Tudo bem ainda não saber usar as farinhas sem glúten do mesmo jeito que lida com a farinha de trigo, a adaptação é necessária.

Cozinhar comida saudável não é difícil. É uma habilidade como muitas outras, que pode ser aprendida, desenvolvida e aprimorada. Durante todo o tempo em que trabalhei como personal chef, indo às casas das famílias para ensiná-las a preparar comida de verdade, presenciei a transformação de mulheres que não sabiam cozinhar nada e que, depois de algum tempo, encontraram na culinária saudável uma nova maneira de amar suas famílias. Também vi cozinheiras que eram fiéis aos seus preparos tradicionais se surpreenderem com minhas versões saudáveis dos mesmos pratos.

Para todas elas, a primeira tarefa foi compreender que a comida saudável não é um bicho de sete cabeças. Nos próximos capítulos, terei a oportunidade de trilhar esse caminho com você.

MEDO DE ERRAR E DE SER CRITICADA

A decisão de se alimentar de maneira saudável é individual; entretanto, quando colocada em prática no ambiente familiar, inevitavelmente sofremos com a influência das preferências alimentares de cada um que compartilha a mesa conosco. Como na maioria das vezes essas preferências são diferentes das nossas, é comum pensarmos: *Será que o novo modo de preparar a comida vai agradar a todos da casa?*

É impressionante o quanto as pessoas, em especial as mulheres, têm medo da reprovação familiar. Vejo muitas mães alimentando os filhos com produtos industrializados por receio de lidar com a reprovação do preparado caseiro. Eu sei que é uma alegria ver o filho comendo com gosto e que, às vezes, por falta de costume, ele não come os preparos mais saudáveis com a mesma satisfação. Mas, nesse momento, não podemos pensar apenas na satisfação pessoal, por receio de escutar do filho que a comida não está tão gostosa ou que "não é igual à da vovó".

Do mesmo modo, pode soar mais seguro compartilhar com o marido uma bela pizza tomando uma cervejinha do que ter um posicionamento diferente e correr o risco de ser criticada.

Escuto com bastante frequência queixas do tipo: "Não consigo variar nos preparos porque meus filhos não gostam de verduras e legumes, então sempre faço arroz, feijão e carne" ou "O meu esposo não gosta de nada refogado ou com molho, praticamente tudo tem que ser frito", ou até "Eu não consigo seguir uma dieta porque cozinho para a minha família a comida que eu preciso evitar".

Em muitos casos, as mulheres que apresentam essas queixas permanecem em hábitos alimentares prejudiciais à saúde devido ao receio de serem criticadas. Continuam preparando com frequência aquela bela macarronada e o pudim perfeito de leite condensado porque é mais fácil, e depois ainda serão elogiadas por terem feito algo que agrada a todos.

Mas sabe o que muitas delas esquecem? Assim como há a chance de dar errado ou de ninguém gostar, o preparo saudável também pode dar certo e ficar delicioso. Todos podem se surpreender e as pessoas podem lidar melhor do que imaginam com a sua nova forma de se alimentar. Talvez essas mulheres estejam sendo exigentes demais com os seus processos de transformação de hábitos.

É preciso lembrar que uma receita pode não sair como o esperado na primeira tentativa, mas ficar incrível na segunda ou terceira. Em vez de rejeitar uma comida diferente, o marido pode conseguir melhorar seus hábitos também, numa parceria. A criança que foi educada com menos açúcar pode se tornar o adulto que agradecerá por isso quando estiver livre das consequências que o consumo desenfreado de doces poderia acarretar.

FALTA DE APOIO OU DE COMPANHIA

"Ninguém na minha casa me acompanha." Essa é uma das principais queixas que desmotivam muitas mulheres no caminho em busca da saúde. A mulher que se sente sozinha geralmente desanima. Sem apoio, ela se vê sem forças e com dificuldades para persistir na mudança, e acaba retornando velhos hábitos mesmo sabendo que podem agravar ainda mais os problemas pelos quais já esteja passando.

Por que essa mulher se sente tão frágil quando falta aquele incentivo, principalmente vindo das pessoas que ama? Porque falta o amor-próprio. A demonstração de amor, a preocupação e a aprovação por parte das outras pessoas passam a ser essenciais quando a autoestima está baixa. Ela se torna dependente do apoio das amigas, dos familiares, do marido, enxerga-os como animadores de torcida que estão ali para lembrá-la: "vamos lá, você consegue!". Como prova máxima do amor, muitas vezes exige que tomem uma decisão de mudança de hábitos em conjunto porque comer diferente seria uma afronta aos seus objetivos e causaria um sentimento de rejeição: "eles não me amam porque não me ajudam".

Veja: quem depende de motivação para sustentar uma mudança de hábitos vai se decepcionar. Motivação é um recurso disponível a curto prazo. Ora temos, ora não. É pelo senso de compromisso que devemos realizar as coisas. Uma mãe que acorda às 3 horas da manhã para amamentar o filho faz isso pelo compromisso que tem com a vida do bebê, não por empolgação, pois certamente gostaria de estar dormindo nesse horário. O autocuidado deve ser encarado como um compromisso intransferível, ou seja, a nossa saúde e a dos nossos dependentes são nossa responsabilidade.

É claro que ter por perto pessoas que compartilham dos mesmos ideais torna o processo bem mais rápido e agradável, mas, se os seus familiares ou seu esposo não valorizam as mesmas coisas que você, paciência! E paciência mesmo! Isso não é motivo para se aborrecer com ninguém. Mas pode ser sinal de que está na hora de renovar os lugares que você frequenta, fazer novas amizades, procurar ambientes em que possa se conectar com pessoas que promovam a saúde em seu modo de pensar, falar e agir. Não precisa trocar de marido por causa disso, viu, mulher! Apenas selecionar o que ganha seu tempo e atenção, priorizando coisas condizentes com a sua busca por mais saúde para que não precise esperar (ou cobrar) tanto das pessoas que convivem com você.

O fato é que, mesmo em ambientes favoráveis aos novos hábitos, ainda é preciso compreender que o lugar que o amor do outro e o amor-próprio ocupam na sua vida são diferentes. Se você ama a si mesma, vai se cuidar independentemente das atitudes de quem está do seu lado. É você quem faz a escolha de viver a sua vida da melhor forma possível dentro da sua realidade, assim como é a única responsável pelo movimento de encher o garfo e levá-lo até a boca.

Portanto, escolher de maneira consciente o que colocar no prato também é uma demonstração de amor-próprio.

Cada refeição é uma nova oportunidade de mostrar a si mesma um ato de amor, bem como de expressar gratidão Àquele que a criou de maneira perfeita. Lembrar que tudo o que temos aqui na Terra é uma vida única e passageira, e querer fazer dela a melhor experiência que pudermos viver é o que vejo como a grande motivação para buscar ser mais saudável. Pense nas inúmeras recompensas – algumas imediatas – que a adoção de um estilo de vida saudável proporciona por meio das pequenas decisões que tomamos no dia a dia. Essas decisões são pedacinhos de autocuidado pelos quais nos responsabilizamos, e são elas que fazem florescer em nós a nossa melhor versão.

Se você pensava que estava sozinha, mulher, saiba que não precisa estar. O fato de as pessoas ao seu redor não quererem fazer o mesmo compromisso de mudança que você faz agora não significa que não se importam com você ou que não vão vibrar pela sua conquista de mais saúde, bem-estar e qualidade de vida. Quer dizer apenas que vivem um momento diferente do seu, e está tudo bem.

Sua motivação precisa vir do lado de dentro, da sua consciência sobre o porquê de você querer melhorar a sua saúde. A partir disso, ofereço, como uma forma de companhia e apoio, soluções práticas para todas essas dificuldades que foram expostas até aqui.

MULHERES QUE VENCERAM AS DIFICULDADES E CONQUISTARAM MAIS SAÚDE

No processo em busca de recuperar a saúde, o bem-estar e a qualidade de vida, algumas dificuldades podem surgir; mas está claro que muitas vezes elas são maiores dentro da nossa mente do que na realidade. Quando se tornam grandes demais dentro da mente, as dificuldades podem nos paralisar, mas, com o conhecimento que ajuda a vencer o medo, elas vão se tornando menores, e passamos a enxergar, junto com elas, oportunidades de aprender, crescer e melhorar em aspectos que nos ajudarão a superá-las.

A respeito da alimentação saudável, o conhecimento que liberta é o fato de que ela pode ser **barata**, **fácil**, **rápida**, **muito saborosa** e

possível de ser feita por qualquer pessoa. Tanto que a Sandra e a Maria Celia conseguiram, mulheres que sentiram todas as cinco principais dificuldades que foram citadas, a quem tive a oportunidade de acompanhar por meio do meu trabalho com o ensino da culinária saudável.

A Sandra foi a minha primeira cliente de personal chef, lá em 2018. Além de cliente, ela era minha amiga, então não teve muita escolha quando eu disse: vou na sua casa ensinar sobre comida de verdade. Ela e o Ronaldo, seu esposo, têm dois filhos que, naquela época, tinham 5 e 3 anos e ficavam constantemente doentes. Eles estavam sempre resfriados, gripados, com garganta inflamada, com febre. Era difícil encontrá-los em algum momento que estivessem livres de sintomas ruins.

Como amiga, por várias vezes lembrava Sandra de que as crianças precisavam se alimentar com mais comida de verdade para terem a imunidade fortalecida. Mas havia algo que impedia essa mudança alimentar: a Sandra não sabia cozinhar tão bem, principalmente os preparos mais saudáveis. Ela não fazia ideia de como cozinhar sem óleo refinado ou como incrementar a comida sem os temperos prontos vendidos no mercado, e isso fazia com que ela se tornasse dependente da indústria alimentícia, inclusive de produtos prontos nas versões saudáveis. Foi aí que tudo começou: a minha história como personal chef e a da Sandra com novos hábitos alimentares.

Lembro-me como se fosse hoje do meu primeiro dia na casa dela. Havia um excesso de alimentos industrializados na despensa e na geladeira a ponto de não dar para saber o que havia lá dentro. Os armários de louças e panelas estavam desorganizados, os utensílios mal posicionados. Nada naquela cozinha favorecia o ato de cozinhar. Então, a primeira grande mudança que implantei foi ordenar as coisas para facilitar o trabalho, parte importante da tarefa e sobre a qual explicarei detalhes no Capítulo 5.

Depois de ajudar a trazer mais ordem para a cozinha, ensinei a Sandra a fazer uma boa lista de compras, mantendo na geladeira e nos armários apenas o necessário, sem exageros. Além da organização, isso evitaria desperdícios de alimentos, pois outra coisa que eu havia observado era o quanto eles jogavam fora alimentos vencidos.

Então fomos para a parte prática de ensinar a cozinhar sem óleo, farinha de trigo, temperos completos, ketchup, extrato de tomate enlatado, catupiry, linguiça e outros ultraprocessados que faziam parte da rotina alimentar da família. A Sandra se surpreendeu com o quanto a culinária mais natural era simples e, ainda por cima, bem mais gostosa.

Eu me recordo das crianças agitadas em volta da cozinha por conta do cheiro bom de comida que ficava na casa. Elas ansiavam que a comida ficasse pronta para que pudessem provar aquilo que cheirava tão bem. Perceba: as crianças não estavam acostumadas com cheiro de comida na casa porque a maioria das refeições chegava empacotada.

Foi um grande impacto para a Sandra e para o Ronaldo ver os filhos entusiasmados para se sentarem à mesa. E isso não só trouxe benefícios para a saúde das crianças – que cada dia se mostravam mais alegres e dispostas, porque não conviviam mais com resfriados e infecções tão frequentes – como também fortaleceu ainda mais os seus laços familiares.

Com o passar do tempo, a Sandra foi adquirindo mais consciência e autonomia para fazer escolhas melhores para a alimentação familiar. Se livrou do medo que tinha de não agradar ao marido e aos filhos, e as escolhas refletiram na saúde de todos e no relacionamento dentro do lar, como ela e o marido, Ronaldo, contam:

> *A Dani apareceu na nossa vida em um momento muito importante, numa fase em que os nossos filhos sempre ficavam doentes. Ora uma infecção de garganta, ora uma sinusite ou gripe; e isso foi tirando a gente da nossa zona de tranquilidade. Ela, por ser próxima da nossa família, percebia e falava: "Ronaldo, acho que falta uma boa alimentação, pois a comida saudável cura".*
>
> *A partir do momento em que vi a minha filha internada com uma simples virose – e eu com uma turma de médicos ao lado sem saber exatamente o que era, mas sabendo que a imunidade estava muito baixa e por isso o quadro agravado a ponto de eu achar que ia perdê-la –, vi que não dava mais para adiar.*
>
> *Eles viviam doentes porque (hoje eu acredito) se alimentavam muito mal. Eram processos alérgicos e intolerâncias que não apareciam em exames. Porém, quando aplicamos toda essa mudança alimentar na*

nossa casa, os nossos filhos mudaram radicalmente, como água para o vinho foi a mudança na saúde deles. A comida saudável vira sangue saudável, que vira célula saudável. Então a comida saudável cura mesmo.

Ronaldo Adriano Galbero

 Quando a gente voltou do hospital para casa, depois de a minha filha ter ficado internada, determinei para mim mesma: "nunca mais meus filhos vão ficar doentes por terem comido algo errado ou pela falta de comer o que é certo". Na hora eu pensei na Dani e fui pedir ajuda: "eu não sei preparar a comida que os meus filhos precisam". Ela caiu de cabeça e de coração e falou: "Sandra, pode ficar tranquila que eu vou ajudar você".
A Dani fez um trabalho gigantesco na minha casa, comigo e com a minha família; só ela, eu e Deus sabemos. Se eu for detalhar tudo, vou passar um dia todo falando e não vai ser suficiente. Quando comecei – juro! –, achava impossível cozinhar sem óleo e pensava: como que a Dani vai fazer a comida sem óleo?
Ela passou dias comigo preparando os alimentos, todas as refeições, lanches e café da manhã para os meus filhos. Eu não só aprendi como ganhei mais confiança e comecei a acreditar na minha capacidade de fazer esses pratos. E a partir disso foi tão simples preparar os alimentos para os meus filhos! Eles nunca mais ficaram sem o café da manhã saudável preparado em casa, por mim, e eu não precisei mais comprar alimentos prontos.
Hoje, a minha geladeira não é mais lotada de comida como era antes, porque aprendi a ter o suficiente para preparar uma refeição saudável. Realmente eu não tinha o costume, eu imaginava que a comida saudável ainda assim era preparada do jeito tradicional, com óleo, margarina, trigo; mas não! Ela nunca usou nada disso na minha casa e hoje eu tenho muito mais opções de alimentos e pratos. Faço bolos, pães e na minha despensa não tem trigo nem óleo.

Meus filhos nunca mais ficaram doentes. Preparar os alimentos para a minha família é uma forma de dizer para eles "eu amo vocês".

Sandra Márcia Xavier Galbero

Com a Maria Celia, meu primeiro contato foi virtualmente, por meio dos meus projetos on-line de culinária saudável, dos quais ela participa (e olha que ela realmente participa de todos). Ela é uma mulher de 58 anos, mãe do Rafael, de 18, e do Felipe, de 13. Trabalha como funcionária pública durante o dia e, no tempo que sobra antes e depois do expediente, divide-se entre os cuidados da casa, dos filhos e de si mesma.

Ela não é casada, então todos os dias prepara, sozinha, as refeições da família, com direito à mesa posta com porta-guardanapos, taças e decoração com flores para o café da manhã, almoço, lanches e jantar. Ainda arruma tempo para ler os livros de que gosta, se atualizar em cursos, fazer atividade física todos os dias (sim, inclusive domingos e feriados), frequentar a igreja e exercer a sua fé, visitar familiares e tomar um chá de vez em quando com as amigas.

A tudo o que faz, ela acrescenta uma boa dose de foco e amor. Aos fins de semana, tem o cuidado de deixar várias coisas prontas para facilitar a rotina, como o molho de tomate, o caldo de legumes, o frango desfiado e as verduras e os legumes lavados.

O fato de ela ter um filho com autismo poderia ser um grande motivo para Maria Celia deixar de fazer várias coisas, pois ele precisa de diversos cuidados especiais dentro e fora de casa para acompanhar seu tratamento terapêutico e fonoaudiológico, além de algumas idas ao médico. Mas o mais bonito é que ela faz tudo isso com excelência e muita alegria, e relata que, quanto mais foi mudando a sua alimentação e seu estilo de vida para uma versão mais saudável, melhor se tornou sua performance como mãe, profissional e mulher.

É muito difícil encontrar pessoas como a Maria Celia, uma pessoa simples e extraordinária! Alguém que, num piscar de olhos, monta uma mesa com tanto capricho e serve comida de verdade, preparada pelas próprias mãos; e que consegue fazer exercícios físicos todos os dias, mesmo que seja por trinta minutos, no corredor ao lado da sua casa. Sabemos que não é com em um passe de mágica que ela faz as coisas, e sim com muito foco e determinação. Uma mulher que abriu mão das distrações, daquilo que não considerava essencial; e que, com uma mira de águia, foca as coisas que precisam ser feitas e simplesmente faz. Até o seu descanso é ativo.

> Com 58 anos, já na menopausa, eu observei que perdi muito da minha musculatura, o que é um processo natural do envelhecimento – só quem vive muito passa por esses processos. Mas com toda a tecnologia que existe hoje em dia, a gente pode reverter essa situação, e um dos pilares importantíssimos para uma saúde mais plena e abundante, que eu acredito, é se alimentar bem e praticar atividade física.
>
> Os trinta minutos de atividade que faço diariamente dentro de casa são o meu momento de autocuidado e de felicidade. Para mim, tem sido uma alegria, e tenho tido vários avanços corporais e em termos de saúde. Recentemente, fiz vários exames e todas as minhas taxas estão ótimas, graças a Deus. E nos últimos quatro meses eu consegui eliminar 4 quilos de gordura e ganhar 2 quilos só de massa magra, treinando em casa e comendo de maneira saudável com as receitas da minha chef musa Dani Faria Lima.
>
> Quando separamos um tempo para a gente, para o nosso autocuidado, momento esse que é fundamental para ficarmos bem com a gente e para cuidar das outras pessoas – no caso da nossa família –, é um ganho de energia, de saúde e de tempo, porque precisamos ter uma forma de organizar a nossa vida para não se perder e para que os nossos planos individuais não fiquem em último lugar.
>
> Eu não tenho um horário certinho para me exercitar, por exemplo, mas arrumo os trinta minutos. Não importa se é de manhã, à tarde ou à noite; se vai ser na sala, no quarto ou até no corredor da cozinha; só não deixo de fazer. E assim tenho visto os resultados aparecerem, não só na minha aparência, que tem melhorado a cada dia, mas na minha disposição.

Então, com orientação certa, estratégia, disciplina e foco, eu tenho tido sucesso. Se a gente não tem o cuidado com a saúde do nosso corpo, ele vai acabar atrofiando, e, à medida que o tempo passa, fica mais difícil conquistar a qualidade de vida que a gente almeja para uma vida mais longeva. Cada dia que passa, vejo que com esses hábitos aos quais me dedico diariamente, eu tenho conquistado benefícios imensos e que me trazem muita felicidade.

Maria Celia Camargo da Costa

Compreende por que este livro não poderia conter apenas receitas? Porque uma mudança de vida como a da Sandra e da Maria Celia – e consequentemente de suas famílias – depende também de um movimento para desmistificar as crenças que atrapalham a busca por mais saúde, de modo que você consiga sustentar não uma dieta específica, mas uma vida inteira mais saudável.

Ainda temos muito mais pela frente, mas, com o que você aprendeu até aqui, já há o que ser feito, então...

TEMPERO COMPLETO NATURAL
A HISTÓRIA QUE A RECEITA CONTA

Quando comecei a cozinhar de modo mais saudável, me deparei com a seguinte realidade: não adiantava trocar os ingredientes principais, reduzir as farinhas, preferir os alimentos naturais em detrimento dos processados se, para dar sabor à minha comida, eu ainda dependesse de temperos prontos industrializados.

Na hora de temperar a comida, comecei a observar a composição dos temperos prontos que mais utilizava e descobri que o que parecia um temperinho inofensivo na verdade tinha excesso de sal, realçadores de sabor, conservantes e até farinha, acredita?

Para mim, não fazia mais sentido ter todo um cuidado de selecionar os ingredientes e equilibrar as porções se eu fosse dar sabor à comida com esse tipo de tempero. Era como se tais temperos fossem "contaminar" minha comida e boa parte da minha intenção de me alimentar de maneira mais saudável fosse por água abaixo. Do que adiantaria preparar uma sopinha nutritiva se ela fosse rica em sódio e glutamato monossódico?

Passei a ler os rótulos dos temperos industrializados mais vendidos do mercado a fim de entender melhor as combinações dos ingredientes, já que eram tão bem-aceitos pelo paladar da população. Foi quando percebi que algumas misturas de ervas e especiarias funcionavam muito bem para carne, frango, sopa, caldos, feijão. Inspirada por essas combinações, passei a tentar reproduzi-las em casa, utilizando apenas ervas e especiarias naturais. Assim, criei os meus próprios "mix de temperos" para carne, frango, peixe e o famoso tempero completo. Todos eles sem excesso de sal, sem aditivos químicos, livres de farinhas e de gorduras hidrogenadas e ainda muito mais gostosos que os do mercado.

O Tempero Completo Natural foi uma grande novidade para as famílias que atendi como personal chef saudável, bem como para as mulheres que aprenderam a receita por meio das minhas redes sociais. Assim como havia acontecido comigo, elas também não tinham conhecimento de que até os temperos eram ingredientes com os quais precisamos ter cuidado e critério para escolha.

Geralmente, a surpresa das minhas clientes, alunas e seguidoras era grande, porque, até aquele momento, muitas não imaginavam que poderiam fazer, por exemplo, um frango ensopado muito saboroso sem precisar colocar um tablete de "caldo de galinha", ou sem usar uma colherzinha daquele tempero de pote que costumava entrar em todas as panelas. Elas ainda não conheciam o poder do orégano, cominho, salsinha, cebolinha, coentro, cúrcuma e pápricas quando bem combinados.

Esse tempero é a prova de que a natureza nos oferece todos os sabores, e que só precisamos observar e usar os nossos sentidos para explorar as possiblidades até encontrar as que mais nos agradam. Por se tratar de um detalhe na comida, também vem para lembrar que, na cozinha – e na vida –, os cuidados com as pequenas coisas (que às vezes nem aparecem) fazem toda diferença no resultado daquilo que escolhemos realizar.

APRENDA E APLIQUE

A última palavra sobre uma comida é sempre determinada pelo paladar. É o sabor marcante que faz a gente amar, lembrar e querer novamente se deliciar com aquele prato. Essa missão – dar um sabor marcante aos preparos – é designada aos temperos. E não há nada mais delicioso do que um alimento temperado com ingredientes naturais e frescos, que acrescentam ao prato toda a intensidade do seu aroma, cor e sabor.

A receita que vou ensinar aqui transformou a alimentação na casa da Sandra, da Maria Celia e de milhares de mulheres. Convido você a prepará-la agora mesmo, pois será a base de muitos outros preparos que você aprenderá no decorrer da leitura. Diga adeus aos temperos prontos em potes, sachês ou cubinhos e receba o nosso delicioso tempero.

TEMPERO COMPLETO
NATURAL

ingredientes:

½ xícara de chá de sal marinho ou sal rosa

¼ de xícara de chá de gergelim torrado

1 colher de sopa de alecrim desidratado

1 colher de sopa de orégano desidratado

1 colher de sopa de manjericão desidratado

1 colher de sopa de tomilho desidratado

½ colher de chá de cúrcuma

½ colher de chá de gengibre em pó

½ colher de chá de páprica defumada

½ colher de chá de noz-moscada ralada na hora

Pimenta-do-reino a gosto

modo de preparo:

1. Bata todos os ingredientes no liquidificador até estarem bem misturados.

2. Armazene em um pote de vidro para consumo posterior.

> **Rápido, econômico, fácil, certeiro e delicioso!**
> *Pode deixar fora da geladeira, ele vai durar bastante se bem armazenado em um pote hermético.*

POR QUE AINDA INSISTIMOS NO QUE FAZ MAL?

CAPÍTULO 3

Não é sobre dieta, é sobre estilo de vida

Quando engravidei, aos 25 anos, já me alimentava de modo saudável. Lembra que comecei a minha jornada em busca de mais saúde com 15 anos? Havia cerca de uma década que estava praticando um estilo de vida saudável, dentro das minhas possibilidades. Mas, até então, os cuidados que eu tinha com a minha alimentação e exercícios físicos tinham um objetivo: estar **sempre** magra e definida.

Para me manter dessa forma, era necessário que eu controlasse a quantidade de calorias ingeridas no dia e, para isso, pesava praticamente tudo o que comia e fazia muita restrição alimentar, até de alimentos considerados saudáveis – eu não comia uma banana se ela estivesse fora do meu plano alimentar. Depois de engravidar, no entanto, me alimentar dessa maneira não seria mais possível, porque as demandas eram outras, ainda mais por se tratar de uma gravidez gemelar.

Quando soube que estava grávida de gêmeos, e após escutar a doutora me dizer todos os riscos que eu corria com a gestação – como eclampsia (pressão arterial elevada), diabetes gestacional (aumento do açúcar no sangue) ou até mesmo os bebês nascerem prematuros por conta da minha estrutura de 1,65 cm e dos 52 kg –, deixei de lado todas as minhas preocupações pessoais para atender as necessidades dos meus filhos.

A partir daquele momento, eu iria fazer de tudo para me manter o mais saudável que pudesse, a fim de oferecer para os meus bebês uma condição favorável para que eles se mantivessem na minha barriga o máximo de tempo possível. Incubadoras não eram uma opção para mim. Eu estava disposta a fazer tudo o que fosse necessário para manter as crianças dentro de mim durante os nove meses. Assim, o hábito de contar calorias para manter a forma ficou de lado para que eu pudesse focar em abundância de nutrientes.

Já ouviu falar em "comer por dois"? Ou melhor, por três? Muitas mulheres se perdem nesse ponto quando passam a comer refeições maiores, porém pouco nutritivas, e acabam ganhando peso excessivamente e sem saúde durante a gestação). Não era só uma questão de comer mais comida. Eu precisava, sim, aumentar a quantidade de comida – até porque eu comia bem pouco para não ultrapassar os 52 quilos –, mas o foco era aumentar a quantidade de nutrientes. Meus filhos e eu precisávamos de vitaminas e não bastava só tomar o polivitamínico indicado pela doutora. Era necessário ingerir muito mais através da alimentação.

Como isso seria possível? A resposta continuava onde sempre esteve: na alimentação mais natural que eu pudesse ter. Só ela consegue oferecer um grande volume de nutrientes numa quantidade saudável de calorias.

MENOS 27 QUILOS EM TRINTA DIAS

Como mencionei anteriormente, não contei calorias na minha gestação e me alimentei todas as vezes que senti fome. **Todas as vezes!** E eu sentia muita fome, a ponto de deixar na cabeceira da cama uma banana-nanica da qual só sobrava a casca pela manhã.

Eu respeitava o seguinte critério: comer sempre que estivesse com fome, desde que fossem alimentos saudáveis. Não era a vez de atender as minhas vontades, mas a de atender as demandas dos meus filhos, e eles dependiam de bons alimentos para crescerem com saúde.

Pastel, pizza, cachorro-quente, sorvete, pão ou bolacha atenderiam as minhas vontades de comer uma coisa diferente, mas não as necessidades que o meu corpo passara a ter para carregar duas crianças por nove meses. Tampouco supririam as demandas de nutrientes que um corpo exige para dois bebês se desenvolverem de maneira saudável. Então decidi passar a gestação sem atender aos meus "desejos de grávida", e assim fiz sem sofrimento. Não é que eu não sentisse vontade; é que eu estava tão determinada a chegar ao nono mês que (nem por uma pizza!) não correria nenhum risco.

Quando sentia fome, mesmo que tivesse almoçado havia poucas horas, enchia uma tigela de brócolis cozidos, temperava com sal, limão e azeite, e comia como se estivesse devorando pipoca. E assim eu variava nas verduras, nos legumes e nas frutas para me nutrir de tudo um pouco, entende? Nada podia faltar.

Desse modo, os meus filhos cresciam dentro de mim como se não dividissem o espaço e os nutrientes. A cada mês de consulta, ambos estavam com tamanho e peso de uma criança de gestação única – e é claro que isso fez com que a minha barriga crescesse mais do que o natural, mesmo para uma grávida de gêmeos. No quinto mês, a minha barriga já tinha atingido a circunferência de uma barriga de nove meses, o que deixou todos em alerta: "Podem nascer a qualquer momento!". E assim eu segui, mês a mês, fazendo repouso absoluto e me alimentando bem.

Finalmente, cheguei ao nono mês e meus filhos nasceram lindos, fortes e saudáveis: o Gustavo pesando 3,170 kg e o Guilherme, 3,065 kg, com a graça de Deus e os cuidados tomados, pois foi incrível sustentar por tanto tempo dois grandes bebês dentro de uma barriga enorme, que assustava qualquer pessoa que visse.

Ganhei 27 quilos na gestação (sim, foi muito). E, apesar desse aumento de peso, o aumento de gordura foi pouco; tanto que, mesmo com aquela barriga toda, cheguei ao nono mês usando calças tamanho 38.

Surpreendentemente, 14 dos 27 quilos que eu havia ganhado perdi no dia do parto, considerando o peso das crianças, líquidos, placentas e inchaço. Acredite, foi maravilhoso sair do hospital 14 quilos mais leve. Na primeira semana em casa, perdi mais 7 quilos. Eu ainda sentia bastante fome, até porque estava amamentando dois bebês, e continuei me alimentando normalmente, sem nenhuma restrição calórica, apenas seguindo o mesmo critério de comer somente o que fosse saudável e sempre que estivesse com fome – assim também perdi mais 6 quilos nos vinte e um dias seguintes.

Ou seja, trinta dias após o parto eu já havia eliminado todos os quilos acumulados durante a gestação. Essa experiência me ensinou mais do que qualquer livro de nutrição. A partir dela, tive a certeza: posso manter um corpo sadio e no peso desejado apenas focando o básico. Contanto que coma alimentos saudáveis, posso atender a minha fome sem me preocupar.

O IMPACTO DA GRAVIDEZ GEMELAR NO MEU CORPO

Desde a gravidez, sabia que meu corpo sofreria um impacto estético enorme. E assim foi. Depois de retomar o meu peso, a minha barriga despencou como uma bexiga desinflada. O excesso de pele era grande a ponto de cobrir parte da minha vulva. Todos os dias, após o banho, eu secava aquela pele caída e a prendia com uma faixa amarrada na cintura para que pudesse vestir a calcinha. A pele flácida era tão enrugada que mal dava para identificar onde estava o meu umbigo.

Isso abalou muito a minha autoestima. Eu chorava todos os dias no banheiro, naquele ritual de prender a minha barriga na cintura. Não conseguia mais trocar de roupa na frente do meu marido e limitei até o acesso do toque dele ao meu corpo, pois tinha muita vergonha. Mesmo que a prioridade dessa fase fosse ser mãe – e fui em todos os momentos –, eu não havia deixado de ser mulher. E não posso mentir: ver meu corpo naquele estado afetou muito o meu emocional.

O fato é que aquela pele esticada ficou muito fina e sensível e, por conta da manipulação e do atrito com o tecido da faixa, surgiram ferimentos que inflamavam e demandavam tratamento com antibióticos.

Essa junção de incômodos me fez procurar um cirurgião plástico logo após os meus filhos pararem de mamar no seio. O médico inclusive me orientou a procurar o plano de saúde para arcar com as despesas da operação, pois se tratava de algo que ia além da estética – retirar aquela pele era algo necessário para manter a minha saúde. Mas, por essa via, o processo demoraria mais, e eu estava com muita pressa para resolver o problema.

Quando as crianças estavam com 6 meses, eu operei. Foi uma fase bem difícil, pois tive que abrir mão de cuidar dos meus filhos ainda bebês para me colocar em uma mesa de cirurgia. Mas era necessário. E fiz tudo com muita segurança para mim e para eles, que foram bem cuidados pelo pai e pelas avós (que praticamente moraram conosco por dois meses).

Aproveitei a ocasião da cirurgia para corrigir a diástase, que é a separação dos músculos da parede abdominal e que causa deformação do abdômen. Como meus seios também haviam sofrido bons danos com a amamentação, reconstruí as mamas e coloquei prótese de silicone. Não precisei fazer lipoaspiração, que é a remoção de gordura, porque, com os hábitos alimentares que eu tinha, já havia perdido todo o peso adquirido na gravidez.

Embora o impacto estético no meu corpo estivesse dentro do esperado, a surpresa foi a força que tive para sustentar a gestação até o final, a rápida retomada do peso e uma excelente recuperação pós-parto – coisas que nada têm a ver com a cirurgia estética e que se devem exclusivamente ao estilo de vida saudável.

Não vou negar que a cirurgia ajudou muito a conseguir me enxergar bonita novamente. No entanto, acho importante enfatizar que o nosso corpo não se resume apenas a uma "barriga chapada". Digo isso porque é comum a pergunta: "Dani, sem a cirurgia, você teria o corpo de hoje?".

A resposta é imediata: óbvio que não teria! Sem a cirurgia plástica, a barriga caída ainda seria a minha realidade. Mas veja: a cirurgia melhorou a aparência da minha barriga e dos meus seios; contudo, a Dani Faria de Lima não é composta apenas de peito e barriga. Sem uma alimentação saudável e exercícios físicos, possivelmente eu teria gordura espalhada em outras partes do corpo, como nos braços, pernas, pescoço, fígado e artérias. Teria mais flacidez e celulite na idade em que estou, chegando aos 40. Sem os cuidados que cultivo há anos, talvez a minha pele já demonstrasse mais sinais de envelhecimento e eu tivesse até menos brilho no olhar. Poderia ter ficado doente ou tido complicações na gravidez. E provavelmente não teria mantido o resultado da minha cirurgia até hoje.

Quantas pessoas passam por interferências cirúrgicas, diminuem o estômago, retiram gordura e, com o tempo, ganham todo o peso de novo? Isso ocorre quando não há uma real mudança de hábitos. Não foi o que aconteceu comigo, porque eu já carregava hábitos saudáveis.

Além da estética, um corpo saudável inclui o bom funcionamento de todas as suas partes. Para mim, isso significa o modo como eu me sinto no dia a dia e até a qualidade dos meus pensamentos. E essas são coisas que só se constroem com um estilo de vida que prioriza aquilo que faz bem em detrimento do que faz mal.

Lembre-se, mulher: aquele detalhe que talvez você ache bonito na aparência de uma pessoa pode ser o resultado de um procedimento estético, mas isso não necessariamente significa mais saúde. Inclusive, existe uma linha delicada que divide a conquista de um corpo saudável da ilusão de um corpo "perfeito". Aos 33 anos, eu a atravessei.

UMA LINHA DELICADA E PERIGOSA

Passada a fase de me dedicar exclusivamente aos meus filhos, quando eles já estavam com 7 anos eu quis retomar a minha performance nos treinos. Foi o período em que a moda fitness entrou na vida das pessoas através das redes sociais. Eu acompanhava a vida das blogueiras e musas fitness que compartilhavam a rotina que levavam para manter aqueles corpos esculturais e, com os hábitos que já tinha incorporados na minha rotina, me sentia a um passo muito próximo de também construir um corpo com músculos mais definidos, ainda que isso exigisse um pouco mais de mim.

Novamente me dispus a fazer restrições alimentares, só que dessa vez de uma maneira mais rígida, me privando de carboidratos (até mesmo os das frutas) e seguindo uma rotina intensa de treinos, que exigia atividade sete dias na semana e algumas vezes até dois treinos por dia. Tudo para atingir o objetivo traçado na minha cabeça.

A verdade é que eu também me perdi em meio ao turbilhão de novidades divulgadas nas redes, fiz leituras sem uma avaliação crítica e me equivoquei muito. Durante esse processo de busca do corpo "perfeito", coloquei o meu corpo em sofrimento e negligenciei aquilo que sempre foi o mais importante para mim: a minha saúde.

Após quase um ano nessa rotina puxada de exercícios, e sem abrir exceção nem mesmo para uma maçã, a primeira consequência foi parar de menstruar. Procurei minha ginecologista e ela me falou: "Você tem rotina de atleta e baixo percentual de gordura. É comum não menstruar", acrescentando que eu não estava menstruando por ter parado de ovular, e que não precisava me preocupar com isso, já que não pretendia ter mais filhos. E assim segui.

Seis meses depois na mesma rotina, passei a sentir alguns incômodos, que começaram a surgir como um efeito cascata. Primeiro a insônia – sem dormir direito, eu acordava cansada, sentia dificuldade para me concentrar nas atividades, me faltava memória algumas vezes, o que me irritava. O nervosismo pela privação de sono aumentou a minha ansiedade e, automaticamente, o meu apetite. Comecei a ganhar gordura e a me sentir inchada, surgiram celulites e, por fim, quando o meu cabelo começou a cair e ir embora pelo ralo do banheiro aos montes, me desesperei.

Eram muitos sintomas ruins para alguém que por muitos anos não sabia o que era uma dor de cabeça. Eu me sentia literalmente outra pessoa. E o pior: me sentia doente. Voltei à ginecologista, refiz os exames e os resultados me enquadravam em um diagnóstico de menopausa precoce. Como poderia, com apenas 33 anos, estar na menopausa? Meu mundo desabou.

Inconformada, me consultei com outros médicos, que confirmaram o diagnóstico. Mas uma das médicas, a dra. Camila Tagliari, levantou uma questão: "Apesar de os seus exames e sintomas se encaixarem no quadro de menopausa, quero entender o que levou o seu corpo a parar de produzir os hormônios tão cedo. Pode ser genético? Sim. Mas o estilo de vida também interfere nisso". E uma das coisas que logo de início ela disse foi: "O corpo da mulher, para funcionar com saúde, não pode fazer tanta atividade física assim nem ficar sem a energia dos carboidratos".

A dra. Camila não me deu garantias de que eu voltaria a menstruar, mas apontou o caminho para eu ter de volta a minha saúde. A proposta para o meu tratamento incluía rever os meus hábitos, principalmente na alimentação e na rotina de treinos. A ideia era não estressar mais o meu corpo com privação de comida e excesso de exercícios físicos. Ao mesmo tempo fiz a reposição hormonal necessária para me devolver a qualidade de vida, voltar a dormir melhor, não me sentir tão cansada, controlar o apetite e minimizar os riscos de desenvolver problemas como osteoporose e cardiopatias, muitas vezes causadas pelo desequilíbrio hormonal.

Depois de dois anos de tratamento com uma alimentação saudável não restritiva e com atividades físicas moderadas, a minha saúde foi aos poucos se restabelecendo, os hormônios voltaram a ser produzidos de maneira natural e eu voltei a menstruar. Isso aconteceu em uma noite de Natal e ficar menstruada nunca tinha sido um acontecimento tão feliz como foi naquele dia, pois significou a recuperação do pleno funcionamento do meu corpo. Esse processo foi definitivo para que eu compreendesse que o corpo funciona bem dentro de um equilíbrio e que todo extremo faz mal de alguma forma.

Mesmo com todos os indicativos de sintomas e exames, eu não estava na menopausa. O que aconteceu foi que o meu corpo havia interrompido toda uma elaborada engenharia que dependia de um equilíbrio da saúde para se manter e que só voltou a funcionar quando esta foi restabelecida.

Um dia, toda mulher entra na menopausa, mas não era a minha hora. O descuido comigo forçou precocemente uma situação parecida e me custou caro, mas também me ensinou o que eu precisava aprender.

O QUE É TER SAÚDE PARA VOCÊ?

Uma transformação de hábitos alimentares precisa estar alicerçada na busca por mais qualidade de vida acima de qualquer outro objetivo. Não existe qualidade de vida sem uma boa saúde. E vale ressaltar que "ter saúde" não é só "estar livre de doença". Saúde também envolve autonomia e a forma como nos sentimos no dia a dia.

Pode ser que, nos seus últimos exames, os resultados tenham se apresentado dentro dos padrões considerados normais – o que é muito bom, um sinal de que você está livre de uma doença crônica. Mas pode ser que, apesar disso, você ainda conviva diariamente com sintomas desagradáveis, como enxaqueca, queimação ou dor no estômago, intestino inflamado, preso ou solto demais e excesso de gases. Talvez você sofra com insônia e falta de energia pela manhã; sinta dores no corpo, como se ele estivesse travado, inflexível; não esteja conseguindo se concentrar, como se a mente estivesse turva e sem foco; ou não consiga controlar o seu peso, por conta de episódios de compulsão alimentar ou do consumo descontrolado de doces.

Enquanto isso, existem pessoas que também estão com os exames dentro dos padrões de normalidade, mas que exalam energia até pelo olhar, que não convivem com dores, que mantêm o peso durante anos, que trabalham sentindo-se dispostas e sem sinais de exaustão. O que essas pessoas têm que você não tem? Será que elas tomam alguma coisa?

Por mais intrigante que isso possa parecer, você já aprendeu que não existe uma fórmula mágica. A diferença entre uma pessoa com "ausência de doença" e outra com "plena saúde" são os hábitos que a segunda cultiva no dia a dia.

Imagine como seria acordar com disposição e trabalhar sem dor. Como seria subir uma escada sem se fadigar nos primeiros degraus? Esse é o estado de um corpo em boa saúde, e não apenas livre de doenças. Para conquistá-lo, não serve a dieta do sol, da lua, nem o suco detox A ou B, mas uma rotina de vida saudável.

E, mesmo que você mude a sua alimentação a fim de ter uma vida longeva e de prevenir doenças como câncer, diabetes, hipertensão e Alzheimer, as recompensas de um estilo de vida saudável são imediatas. Se escolher bem os alimentos que vai colocar no seu prato hoje, você já vai sentir melhorias amanhã. Parece incrível demais para ser verdade, mas é real. O nosso corpo luta pela vida todos os dias e tudo dentro de nós coopera para o nosso bem, basta que não atrapalhemos.

O BÁSICO QUE NUNCA FALHA

A boa notícia é que a conquista de um corpo saudável pode ser muito mais simples, acessível e prazerosa do que se imagina. Não é por acaso que o *Guia alimentar para a população brasileira* apresenta como "regra de ouro" priorizar os alimentos de origem natural, além de orientar o consumo moderado de gorduras, sal, açúcar e alimentos processados e evitar ao máximo os alimentos ultraprocessados. Qualquer novidade que seja contrária a esse princípio básico só vai atrapalhar. Portanto, não fuja do básico. Apenas busque fazer o básico bem-feito.

Cozinhar ingredientes simples de modo saudável e deixá-los saborosos demanda um preparo adequado. Depois que você aprende a escolher melhor os ingredientes, manipulá-los do jeito certo, conhecer os temperos, as melhores combinações, o ponto do cozimento para garantir a textura, a cor e o sabor ideais, a comida saudável passa a ser aquela que você deseja, pois é comida de verdade, e o que é verdadeiro é muito mais atrativo.

Transformar alimentos simples em uma comida saborosa não é difícil, mas é diferente de comprar algo pronto e industrializado, além de previsível porque tem sempre o mesmo peso e as mesmas quantidades de cada ingrediente. Quando você prepara uma carne em casa, por exemplo, pode contar com uma peça menor ou maior, com mais ou menos gordura, e tudo isso influencia na quantidade de temperos que deverá utilizar, assim como o tipo de preparo que você escolher vai determinar o tempo de cozimento total. Além disso, ao cozinhar, você precisa considerar que cada proteína harmoniza melhor com um tipo de tempero, requer um tempo de marinada diferente e tem um modo de preparo mais adequado, o que demanda conhecimento e tempo.

Os legumes também precisam de atenção no preparo. Na maioria das vezes são negligenciados, preparados de qualquer maneira ou sempre do mesmo jeito: cozidos no vapor e por muito mais tempo do que o necessário. Esquecidos no cozimento, eles perdem a textura, a cor e o sabor. Não ficam atrativos nem gostosos, pois o melhor deles literalmente evapora.

Quando detalhes como esses passam batidos, você deixa de desejar essas comidas não por serem saudáveis, mas por serem ruins. Você precisa aprender a preparar pratos saudáveis que sejam gostosos e atraentes a ponto de você desejar se alimentar deles. Só assim o hábito de se alimentar de maneira saudável vai se consolidar como parte do seu estilo de vida e você vai descobrir que, dessa maneira, não estará privada de sentir prazer em comer bem.

Aprender a fazer as coisas do jeito certo não depende de nenhum conhecimento aprofundado, mas principalmente da observação e constatação do que cada ingrediente necessita. Nesses mais de vinte anos em que pratico bons hábitos alimentares, observei que o caminho para a alimentação saudável passa por três importantes etapas:

1. **Acordar:** quando você adquire consciência da sua realidade, toma uma decisão e entende o que é necessário para a mudança;
2. **Se preparar:** quando você organiza a sua rotina, casa e cozinha para acolher seus novos hábitos;
3. **Agir:** quando você vai para a cozinha e coloca em prática tudo o que aprendeu e que se preparou para executar.

Por já ter percorrido esse caminho inúmeras vezes – não só no meu processo alimentar, mas junto com milhares de mulheres que fizeram parte dos meus projetos on-line de culinária saudável –, eu simplifiquei e vou conduzi-la por ele a partir do próximo capítulo. Mas, antes, vou ensiná-la a preparar uma receita que é muito especial para mim: mix de vegetais assados com especiarias.

A HISTÓRIA QUE A RECEITA CONTA

Na minha gestação, adotei os legumes como lanches intermediários. Eu sentia muita fome e sabia que, se comesse alimentos calóricos toda hora, ganharia muito peso. Então, senti necessidade de preparar os legumes de formas diferentes para não enjoar de comê-los sempre cozidos no vapor.

Com os legumes eu preparava e incrementava saladas, fazia caldos e refogados, sempre procurando variar os ingredientes e temperos. Foi assim, diversificando os preparos, que descobri a opção de que mais gosto até hoje: assados.

Quando assados, o sabor dos alimentos fica mais concentrado, resultado totalmente diferente dos preparos cozidos, em que parte do sabor se perde no vapor ou na água. A carne assada é um excelente exemplo. Como ela é bem mais saborosa do que uma carne cozida! Na churrasqueira ou no forno, fica deliciosa temperada apenas com sal grosso; enquanto no preparo cozido a mesma peça dependeria de muitos outros temperos para ficar saborosa.

Não que alimentos cozidos sejam ruins, não se trata disso. Mas eu percebo que muitas pessoas desconhecem a possibilidade de assar legumes, e não fazem ideia do quanto eles ficam saborosos quando preparados dessa maneira.

Outro fato interessante que intensificou o hábito de comer legumes de maneiras diferentes em nossa casa foi que um dos meus filhos, o Gustavo, desde muito pequeno rejeitou proteína animal. Ainda bebê, na fase da introdução alimentar, ele se recusava a comer carnes. Enquanto seu irmão, Guilherme, deliciava-se na coxinha de frango assada, o Gustavo chorava se visse qualquer pedacinho no prato dele.

Ainda sem entender por que meu filho não aceitava carnes de jeito nenhum, eu corria para preparar uma refeição sem proteína animal que também fosse nutritiva e saborosa para ele. Foi nessa fase que passei a preparar dois tipos de refeição na minha casa: a que o Auge, meu marido, o Guilherme e eu estávamos acostumados, com proteína animal, e a alternativa vegetariana para o Gustavo, com grão-de-bico, lentilhas e muitos, muitos legumes.

Graças às diversas possibilidades que os vegetais nos oferecem, meu filho não ficou um dia sequer sem uma comida nutritiva que o agradasse. *Mas será que é o suficiente?* – eu me perguntava. Demorei a compreender a escolha alimentar dele. Ver o Gustavo bebê, ainda sem falar, recusando alimentos que eu reconhecia como essenciais e que, para a maioria da população, ajudam a formar a base da nutrição, era algo que me preocupava, no sentido de faltarem nutrientes importantes para o seu desenvolvimento.

Na época, busquei orientação de médicos e nutricionistas sobre o que fazer e o que dar de comer ao meu filho, ainda tão pequeno e dependente, para que sua saúde não fosse prejudicada. Eu ainda não sabia que ele poderia se nutrir plenamente sem as proteínas de origem animal e, nas consultas, **todos** os profissionais me diziam: "Seu filho precisa comer proteínas de origem animal". No entanto, em casa, a realidade era outra. Por mais que eu me dedicasse em preparar carnes, frango, peixes e ovos de diversas formas para ver se alguma opção despertava nele a vontade de comer, ele não aceitava e ainda chorava se percebesse algum tipo de carne no prato.

Eu não queria impor ao meu filho algo de que não gostava, mas os médicos e nutricionistas que consultei me recomendaram persistir mais um pouco na introdução da proteína animal na alimentação dos meninos, experimentando ingredientes e preparos diferentes para ver se o Gustavo aceitava algum.

Diante da recusa dele a todas as alternativas sólidas, tentei a sopa. Fazia uma sopinha com vários legumes e uns pedacinhos de carne, depois batia com o caldo no liquidificador, imaginando que, junto com os outros sabores e sem sentir a textura, ele poderia ingerir aqueles nutrientes. Mas, quando vi que ele tomou a sopa e, poucos segundos depois de engolir, vomitou, percebi que não se tratava apenas da aparência ou da textura. Por alguma razão além da minha compreensão, ele definitivamente não ingeria proteína animal.

Com o passar do tempo, fui entendendo que um dos meus filhos "nasceu programado" para não comer carne. Certa vez, quando tinha apenas 3 anos, ele mesmo me confirmou, dizendo: "Mãe, me aceita que Deus me fez um menino que não come animais; e fez o meu irmão um menino que come".

Descobrimos juntos que é possível, sim, que uma criança se desenvolva plenamente sem comer proteína animal. Hoje, já com 14 anos, o Gustavo continua não comendo carnes, mas não se declara vegetariano. Ele diz que não quer ser definido pelo que prefere comer, e que não quer carregar consigo nenhum rótulo, tampouco alimentar. Quando vamos a algum restaurante e tendemos a dizer algo do tipo "ele não come isso, porque é vegetariano", ele não gosta e diz: "Eu sou o Gustavo, e só. Se eu escolhi comer um belo prato de arroz com feijão, e não quis um bife, isso não precisa ser justificado". Observo o posicionamento dele e, como mãe, só posso sentir orgulho.

Conheci o trabalho da Dani há mais ou menos três meses, quando levei minha filha de 11 anos para fazer alguns exames de rotina e o colesterol estava muito alto. Culpando-me bastante, eu comecei a mudar algumas coisas, porém sem muita direção. Foi quando, pesquisando sobre comida saudável, encontrei o trabalho dela.

Hoje minha filha já perdeu 6 quilos, e meu marido e eu também perdemos peso. Ele perdeu 5 quilos porque por vezes dá umas escapadelas com doces e eu perdi 7 quilos.

Estou muito feliz! Não consigo mais cozinhar comida "não saudável". Agradeço a ela por todo o carinho e informação que divide. Daqui a três meses vou refazer os exames da minha menina e vou compartilhar o "antes da Dani vs. depois da Dani."

APRENDA E APLIQUE

Esta receita é para ensinar a "comer legumes direito". Com ela, eles já não serão os coadjuvantes na sua mesa. Nutritiva e com poucas calorias, é uma receita perfeita para a melhora da saúde e o controle do peso.

MIX DE VEGETAIS
ASSADOS
COM ESPECIARIAS

ingredientes:

1 xícara de chá de abóbora cabotiã[14] cortada em cubos médios

1 xícara de chá de batata-doce ou inglesa cortada em cubos médios

½ xícara de chá de cenoura cortada em rodelas médias

½ xícara de chá de rabanetes cortados em quatro partes

4 colheres de sopa de azeite

2 dentes de alho fatiados

½ colher de chá de sal

¼ de colher de chá de canela em pó

¼ de colher de chá de noz-moscada em pó

¼ de colher de chá de cravo em pó

¼ de colher de chá de gengibre em pó

Pimenta-do-reino a gosto

modo de preparo:

1. Coloque os vegetais em uma tigela e espalhe sobre eles os demais ingredientes.

2. Despeje-os em uma fôrma antiaderente ou forrada com papel antiaderente para uso culinário e leve para assar em forno preaquecido a 200°C por 30 minutos ou até ficarem macios e levemente dourados.

> **IMPORTANTE:**
> *Não há necessidade de cozinhar os vegetais antes, eles chegarão ao ponto desejado apenas com o cozimento do forno.*

VOCÊ MAIS SAUDÁVEL

---

14 Também conhecida como abóbora cabotiá ou abóbora japonesa. (N. E.)

MOLHO DE TAHINE
COM IOGURTE

(ACOMPANHAMENTO OPCIONAL)

ingredientes:

1 copo de iogurte natural sem lactose

2 colheres de sopa de tahine (pasta de gergelim típica da cozinha árabe)

1 colher de sopa de azeite

1 colher de sopa de vinagre de maçã

Sumo de 1 limão

Pitada de sal

modo de preparo:

Misture tudo com um garfo ou fouet. Guarde na geladeira até o momento de servir. Despeje por cima dos vegetais assados.

> **DICAS:**
>
> - Aproveite a receita e varie a escolha dos vegetais. Procure atentar para combinar aqueles que precisam do mesmo tempo de cozimento: brócolis, couve-flor, abobrinha e chuchu cozinham mais rápido, enquanto batata-doce, abóbora e cenoura demoram um pouco mais para ficarem macias.
> - Você pode fazer esta receita em maior quantidade e aproveitar no café da manhã. Guarde na geladeira e, no dia seguinte, aqueça para comer com ovos mexidos – uma excelente opção para substituir os pães industrializados e outros preparos com farinhas refinadas.

NÃO É SOBRE DIETA, É SOBRE ESTILO DE VIDA

CAPÍTULO 4

Hora de acordar!

Quando você adquire consciência da sua realidade, toma uma decisão e entende o que é necessário para a sua mudança, naturalmente sente que algumas coisas precisam ser levadas em consideração e reordenadas – vamos tratar disso agora. Mas, antes de tudo, gostaria que este capítulo não lhe soasse como um sermão. Longe de mim causar essa impressão, no entanto me sinto em uma posição de irmã mais velha, alguém que quer compartilhar as experiências para evitar que a irmã mais nova se perca no meio do caminho ou até mesmo que ela caia em algum buraco.

A "hora de acordar" para uma vida mais saudável está de acordo com as experiências que tive – e continuo tendo – com inúmeras mulheres que acompanho nos meus projetos de culinária saudável. Percebo que a maioria delas passou ou está enfrentando situações parecidas com as que vou compartilhar. E não falo só por elas, mas também por mim. Também vivenciei esses conflitos e processos muitas vezes.

Você provavelmente já percebeu que se tornar mais saudável vai muito além de fazer uma dieta; significa também adotar um novo modelo de vida. E, para que você consiga mudar e se manter (que é o mais difícil) na transformação, é imprescindível que desperte a sua consciência sobre oito questões:

1. Do que você precisa se livrar antes de começar;
2. O que você deve colocar no lugar das coisas que tirou da sua rotina;
3. O que fazer quando falhar;
4. Assumir responsabilidades sobre a melhora da sua saúde;
5. Conhecer sua fome e saciedade;
6. Dispor-se a um processo;
7. Adequar seu ambiente aos seus novos hábitos;
8. Aprender a apreciar o amanhecer.

A compreensão desses oito tópicos e o modo como os colocará em prática constituirão o alicerce da sua nova vida mais saudável. Sem levar em consideração tudo isso, a tentativa de mudança se torna muito mais frágil e vulnerável do que precisa ser e apresenta mais chances de ser interrompida do que consolidada. Por isso, vamos juntas preparar o terreno que vai receber pilares sólidos para o estilo de vida que você deseja adotar para sempre.

LIVRE-SE DISTO ANTES DE COMEÇAR

Uma das primeiras preocupações numa reeducação alimentar costuma ser *o que vou comer a partir de agora?* É nessa hora que bate o desespero de achar que vai ser difícil, que vai custar caro, que vai levar tempo para aprender preparos diferentes do que estava acostumada e que ainda corre o risco de frustrar-se com o resultado de uma comida sem graça nenhuma de comer. Com certeza o medo e o desespero não são os primeiros passos ideais.

Antes de pensar no que vai comer a partir de agora, a primeira coisa a ser estabelecida é o que precisa ser evitado, não só na sua mesa mas também na sua vida para que você construa o novo hábito que deseja praticar.

Se você volta a sua atenção apenas para as coisas que acredita ser necessário introduzir, esquece-se de abandonar os hábitos que construíram em você a falta de saúde, o sobrepeso, a obesidade, o colesterol alto, a diabetes tipo 2 e outras doenças mais graves.

É tão comum eu receber perguntas como "me fala um alimento que regula o açúcar no sangue?". Não funciona assim. Não é possível melhorar um quadro de saúde ou a forma física apenas com a introdução de novos alimentos. O caminho não é tomar um chá que regula o açúcar no sangue, e sim a atitude de comer menos alimentos açucarados.

O início do seu processo de transformação de hábitos alimentares para conquistar mais saúde é a hora de listar todos os hábitos, costumes e comportamentos que conduziram você até a realidade de saúde que você se encontra hoje – tudo o que, ao longo de anos, ocupa o lugar daquilo que você já entendeu que é essencial.

Para conseguir colocar em prática todas as coisas essenciais, é necessário abrir mão do que não é. Abandonar de uma vez por todas as coisas que não contribuem para os objetivos que você deseja alcançar. Muitas vezes alegamos falta de tempo para fazer as coisas, mas, na verdade, apenas escolhemos outras prioridades para aquele momento. A "hora de acordar" é o momento de você listar quais são as suas prioridades.

Isso não é apenas sobre comida, mas uma série de comportamentos que também influenciam os seus hábitos alimentares. Por exemplo: dificilmente alguém me encontra tomando um café no shopping com uma amiga. Sabe por quê? Porque aquele tempo me roubaria uma ida à feira para garantir verduras, legumes e frutas limpos e organizados dentro da geladeira ou adiantar preparos como molho de tomate e caldo de legumes para serem congelados e usados durante a semana. Talvez isso soe radical para alguns – *agora, para ser saudável, eu preciso abandonar minhas amizades e meu lazer?* –, mas a verdade é que, se eu não fizer essas coisas por mim e por minha família, não será a minha amiga que virá à minha casa fazer.

Entenda: não há nada de errado em sair com as amigas e tomar café no shopping. Na verdade, isso seria ótimo. Mas o passeio no shopping não me garante o estado de saúde que busco alcançar. Listar as prioridades é essencial!

Todas as coisas demandam tempo. Se eu o gastar no shopping ou em qualquer outro lugar, me faltará para manter o estilo de vida saudável que desejo. Ninguém hoje em dia tem tempo para fazer tudo, por isso devemos escolher aquilo que vamos priorizar, até entre as coisas boas. Talvez seja o momento de você começar a dizer: "amiga, eu lamento muito, gostaria de estar com você, mas esse fim de semana eu não posso".

O mesmo acontece com muitas outras coisas que não são ruins e que, por isso mesmo, tornam-se "difíceis de abrir mão": maratonar uma série, atualizar-se sobre as notícias, conferir o feed das redes sociais, ler sobre as últimas tendências da moda ou da vida dos famosos, acompanhar a viagem dos amigos pela internet... São nessas pequenas pausas no dia a dia que, querendo ou não, gastamos pelo menos trinta minutos num piscar de olhos, de manhã, à tarde, à noite e até de madrugada.

Lá se vai uma hora e meia do dia (quando é pouco) na vida da pessoa que alega falta de tempo para cuidar da alimentação e que, por causa disso, desenvolveu o hábito de chegar do trabalho e pedir uma comida pelo aplicativo enquanto passa mais quarenta minutos no celular ou na televisão, esperando a comida chegar em casa.

Até aqui, você já descobriu muitas coisas que convém deixar de comer. Mas talvez ainda não tenha percebido como alguns hábitos da sua rotina interferem de maneira direta ou indireta no seu estilo de alimentação. É para isso que eu convido você a concentrar o olhar neste momento. Não se trata de eliminar todas as suas atividades de lazer, jogar fora o celular, muito menos abandonar as suas amizades. Significa apenas que, se você não dosar, listar suas prioridades e passar a abrir mão de algumas coisas que não são essenciais (embora sejam boas), estará distante do que deseja construir.

Depois de fazer o que é preciso, você escolhe como ocupar suas pausas: um dia encontro com as amigas, no outro vejo um episódio de uma série em vez de maratonar a tarde toda no sofá. Você vai perceber que em um estilo de vida mais saudável até o lazer é escolhido com mais critério. E pode ter certeza: algumas coisas vão perder espaço naturalmente à medida que você notar que elas não se encaixam mais na sua rotina. Logo você estará se perguntando: *como gastei tantos anos da minha vida com isso?*

A grande mudança começa com o abandono daquilo que a atrapalha, inclusive aquilo que parece inofensivo, mas que ocupa grande parte do seu tempo sem você notar.

O QUE VOCÊ DEVE COLOCAR NO LUGAR?

Depois de decidir o que você vai deixar de lado, será necessário preencher o vazio deixado por essas coisas. E aqui está um ponto muito importante: esse espaço precisa ser preenchido com novos hábitos que sejam tão agradáveis quanto os antigos. Caso contrário, em pouco tempo você se sentirá muito tentada a voltar a fazer aquilo com o qual já estava acostumada – principalmente no que se refere a substituição de alimentos.

Quando estamos em um processo de substituir os alimentos da nossa geladeira e despensa, muitas vezes conseguimos encontrar nas novas opções a cor, o aroma, o sabor e a textura equivalentes – ou até melhores – nas versões mais saudáveis. Você deve ter percebido quão saboroso é o molho de tomate que ensinei no

Capítulo 1. Mas eu preciso ser sincera com você: não é sempre que isso acontece. Na alimentação saudável, nem tudo tem uma substituição equivalente.

Como assim? O famoso pão francês com margarina e mortadela, por exemplo. Não existe uma substituição equivalente e saudável para ele. Então, no lugar desse café da manhã ou lanche da tarde pode entrar outro tipo de preparo, como uma torta de frango livre de embutidos, açúcar, óleo e farinha refinada. E o ideal é que ela seja tão saborosa quanto o sanduíche era para você. Se a substituição não for bem pensada, pode gerar uma sensação de privação e frustração e dificilmente alguém conseguirá sustentar por longo tempo um hábito que não gera satisfação em praticar.

Entenda: não é o brigadeiro, a pizza e o sorvete que fazem falta, e sim a sensação que esses alimentos causam no corpo quando consumidos. A sensação de prazer ao comer um doce, a alegria de compartilhar uma pizza entre amigos, o alívio de se refrescar com um sorvete ou se aquecer com um fondue nos dias frios. Essas sensações prazerosas também são encontradas na comida saudável, só que é necessário aprender a construí-las, e não necessariamente será em cima de uma versão saudável daquilo que você está acostumada a comer. A "hora de acordar" é a hora de aprender a comer novos alimentos.

Vai deixar de comer pão francês no café da manhã, algo que você gostava muito, para comer ovos? Então aprenda a fazer o melhor ovo da sua vida. Precisa comer mais legumes e menos arroz? Então dedique-se a preparar os vegetais de maneira atrativa e prazerosa, pois é um hábito que você vai praticar todo santo dia.

Felizmente, para tudo o que é possível ser aprendido, eu estou aqui para ensiná-la! Mas, na hora de colocar em prática, aí é com você, mulher. E, na hora de colocar a mão na massa, tome cuidado para não cair na tentação de mimar o seu corpo. Não precisamos atender as vontades dele o tempo todo.

Imagine a tragédia: pela natureza, o nosso corpo tende a buscar sempre o que é mais seguro, fácil e prazeroso. Se toda vez que você for se alimentar ceder a esse impulso, vai ficar no sofá de casa (segurança), pedindo comida pelo aplicativo (facilidade), consumindo produtos ricos em gordura e açúcar (prazer). Não podemos nos mimar, no sentido de atender o tempo todo o que o corpo **pede**. É preciso oferecer o que ele **necessita**. Só assim conquistamos a vida que desejamos ter.

Ciente de que o seu organismo precisa de macronutrientes (proteínas, carboidratos e gorduras) importantes e micronutrientes (vitaminas e minerais) em abundância, nem sempre vai dar para trocar um doce industrializado por um doce saudável, mas é possível substituir o hábito de comer doces todos os dias pelo de comer frutas diariamente e proteínas em todas as refeições, entende? "Ah, Dani, você não me conhece. É que eu sinto muita vontade de comer doce, e não resisto, sou muito fraca!"

Mulher, sentir vontade de comer um doce não significa que você é fraca, e sim que você é humana. O que determina se você vai ser fraca ou forte é a maneira como lida com as vontades que sente. Aprender a escolher um alimento saudável e gostoso, no lugar de um produto alimentício hiperpalatável, e abrir mão de algo que só oferece um prazer momentâneo ao ter consciência de que faz mal – isso é ser forte!

E você precisa ser forte mesmo, sabe por quê? Muitas vezes, essa escolha envolve alimentos e hábitos antigos, das suas raízes, da sua formação, da cultura da sua família. Mas perceba: nem sempre a nossa cultura é expressão da verdade.

Fazer substituições coerentes não é continuar comendo pão e tomando leite com achocolatado em uma versão mais saudável, e sim considerar outros alimentos no café da manhã, inclusive para não ficar fazendo comparações do tipo "este pão saudável não é igual ao que eu gostava de comer", porque, na verdade, ele não tem a obrigação de ser. E não tem mesmo! Imagine o preparo de um bolo que não leva os mesmos ingredientes da sua versão tradicional – por que ele teria o mesmo sabor? Isso não significa que a versão saudável seja ruim. Pode ser até mais gostosa, mas nunca será igual pelo simples fato de ter sido feita com outros ingredientes.

O importante é aprender, introduzir e se adaptar a novos alimentos nas suas principais refeições. A maior mudança está em acordar e fazer tudo diferente do que você fazia. Tornar-se mais saudável é uma ruptura com o passado que não ajudou.

CAIU? LEVANTA!

Mariana iniciou o dia bem. Determinada a seguir seu plano alimentar, tomou água assim que acordou e depois já bebeu também o seu shot com água, limão, própolis e cúrcuma. Colocou uma roupa de academia e fez o treino em casa com a ajuda do aplicativo de treinos que assina. Em trinta minutos, o exercício físico do dia foi concluído e, logo em seguida, ela preparou o café da manhã. Comeu ovos mexidos, uma porção de frutas e degustou um café preto sem açúcar. Se arrumou e foi para o trabalho.

No almoço, serviu-se da marmita que já havia organizado na noite anterior, quando preparou o jantar: frango assado com legumes na manteiga, um pouco de arroz integral e salada de tomate com folhas de rúcula. Não fica mais sem beber água regularmente, pois aprendeu a carregar consigo uma garrafinha que a lembra toda hora desse compromisso importante com a própria saúde. Também levou para o trabalho um lanche da tarde com frutas, castanhas e até um sachê de whey protein (proteína do soro do leite). Estava tudo tão maravilhoso, até que...

A bendita amiga do trabalho chegou ao escritório com um bolo de cenoura com cobertura de chocolate que deixou a sala com um cheiro delicioso. Imagine: uma receita tradicional de família, daquelas que todos imploram para a avó fazer.

Mariana, é claro, ficou tentada. Todos estavam comendo e, quando a amiga ofereceu "Mariana, você quer um pedaço?", é quase uma falta de respeito dizer "não". Tudo bem, ela entenderia se dissesse que estava de dieta, mas a questão é que, no fundo, este **não** provavelmente não seria proferido porque existia uma vontade imensa de se deliciar com aquele bolo, como todos os outros na sala. Em um ato de "seja feita a sua vontade", Mariana comeu o bolo.

Minutos depois, já estava arrependida: *Poxa vida! Eu estava indo tão bem. Por que eu caí?* Ela voltou para casa arrasada, *como sou fraca!* Quando o esposo chega em casa com uma pizza para o jantar, ela não pensa duas vezes em acompanhá-lo usando o seguinte argumento: "já que não segui certinho a dieta hoje, vou acompanhar você nessa pizza e amanhã começo de novo". E, assim, o que seria apenas "um pedaço de bolo" se transformou em um pedaço de bolo, três pedaços de pizza, um copo de refrigerante para acompanhar e meia barra de chocolate que ela dividiu com o marido na sobremesa.

Imagine que isso aconteceu com a Mariana numa quinta-feira e, que por conta desse pensamento de "já que...", ela não conseguiu acordar na sexta-feira determinada a recomeçar a dieta – *já que vacilei na dieta, vou recomeçar certinho, mas somente na segunda.*

Então acabou tendo uma alimentação desregrada na sexta, no sábado e no domingo, abrindo exceções desde o café da manhã até o jantar. O que poderia ter sido "só um pedaço de bolo de cenoura com cobertura de chocolate" numa quinta-feira à tarde se converteu em uma alimentação com vários deslizes até a próxima segunda-feira.

Esse comportamento de "já que eu comi" precisa ser evitado. Em uma rotina saudável e normal, o padrão de comportamento precisa ser o "caiu? Levanta!". O bolo não estava no planejamento do dia, mas ainda assim não resistiu e comeu? Tudo bem. Nada de mau vai acontecer com quem come um pedaço de bolo. Apenas siga o plano determinado no início do seu dia. Se o seu plano era ter um dia de alimentação saudável – mesmo que tenha comido o bolo no meio da tarde –, chegue à sua casa e prepare o seu jantar saudável, conforme o planejado, e não desista de tudo.

Durante o processo de construção de hábitos saudáveis haverá quedas. É normal não cumprir 100% do que determinamos. Há os dias em que as coisas não saem como o esperado, somos surpreendidas com situações externas a todo momento, mas não podemos culpar os eventos ao nosso redor pelo nosso insucesso. Se tivermos o comportamento de nos desregularmos a cada queda, nos mantendo nas exceções por vários dias ou até semanas, o que poderia ser uma exceção torna-se a regra, e pode colocar todo o objetivo a perder.

Ao cair, é necessário se levantar e simplesmente continuar. Ter em mente a seguinte premissa: Não é porque caí que preciso me atolar. Eu me levanto, me limpo e continuo. Caiu? Levanta! – isso é evitar que o cenário piore, dentro das pequenas limitações que a gente tem.

ASSUMIR RESPONSABILIDADES

Quando eu trabalhava como personal chef, ministrando cursos de culinária saudável em residências, uma das primeiras perguntas que eu fazia era: "Quem é o responsável pela alimentação da família?". Agora, faço essa mesma pergunta a você: Quem é a responsável ou o responsável pela alimentação do seu lar?

Dentro de uma casa, alguém precisa se responsabilizar por isto: quem vai cozinhar e o que vai ser preparado, procurando atender as necessidades nutricionais de todos os membros da família e respeitando o que cada um gosta de comer.

Muitas mulheres que cruzaram o meu caminho relataram para mim que achavam injusto ser a única responsável pelas refeições da família – "por que eu tenho que me preocupar inclusive com a alimentação do meu marido?"; "por que ele não pode aprender a cozinhar e se virar? Já me ajudaria tanto!".

Eu creio que homens possam, sim, assumir a responsabilidade da alimentação de uma família. Meu cunhado, por exemplo, assumiu esse papel quando mudou de profissão e passou a ficar mais tempo em casa, e principalmente porque a minha irmã continuava trabalhando fora o dia todo. Ele não sabia cozinhar e aprendeu por conta de uma nova configuração na rotina deles. Cuidar da alimentação da família ficou mais fácil para ele do que para ela.

Então, supondo que o seu esposo assuma o papel de cozinheiro do seu lar, qual será o seu papel? Ou, supondo que ele divida os afazeres da cozinha com você, que função você poderia desenvolver para ajudá-lo nos afazeres dele? Na realidade da sua casa, para quem é mais fácil a tarefa de cozinhar?

Em um casamento, o casal assume papéis e todas as tarefas são importantes, inclusive a de cuidar da alimentação. E, na hora de pensar a alimentação como uma reponsabilidade diária, existem outros fatores a serem considerados, além do "saber cozinhar". Essa responsabilidade implica a escolha, a organização e o uso dos ingredientes e utensílios; a variedade de preparos e nutrientes; as particularidades de cada membro da família, entre muitas outras coisas que, de tão naturais que se tornam para nós, até esquecemos que precisam ser observadas.

Além disso, a cozinha simples e saudável do dia a dia é um trabalho manual e exige habilidades que são estimuladas desde a infância entre as mulheres. Por todas essas questões, em muitas estruturas familiares assumir essa responsabilidade é mais fácil para a mulher, principalmente nos casos em que o homem é o responsável pela maior parte do sustento material da família. E esta é uma característica marcante na nossa sociedade ainda nos dias de hoje: homens trabalhando fora de casa e provendo a maior parte da renda familiar.

Se a sua família for uma exceção, e no seu contexto for mais fácil para o seu marido do que para você assumir a responsabilidade da cozinha, está tudo certo. Nesse caso, é importante, inclusive, que ele compartilhe esta leitura com você.

Aqui em casa eu nunca fiz questão que o meu esposo me ajudasse na cozinha, pois sei das minhas limitações no mercado de trabalho formal. Falo sem nenhuma vergonha: eu não tenho as mesmas habilidades de negociação, vendas e gestão que o meu esposo e sou bem feliz pela responsabilidade que assumi em gerir a minha casa, pois entendo que essa é uma tarefa tão importante quanto as outras, e sei que ele não tem as habilidades que eu tenho para fazer uma boa comida e cuidar da nossa casa. Ele até me ajuda (e muito), faz as compras comigo, passa no mercado quando preciso, faz um preparo ou outro, mas a responsabilidade da alimentação da família não é dele, é minha. Entende?

Mas o que mais precisa ser compreendido neste momento é que dentro de uma estrutura familiar cada pessoa ocupa um papel. E eu não sei qual é o papel que você gostaria que seu esposo ocupasse nesse momento e qual o papel que você gostaria de ocupar; ou ainda quem estará disposto a assumir aquelas tarefas que, embora não sejam tão desejáveis, precisam muito ser feitas. Nos próximos capítulos, quando eu apresentar uma lista de compras, mostrar como tornar a cozinha mais funcional e ensinar a preparar diversas receitas – se você quiser saborear essas delícias e desfrutar dos benefícios que elas têm a oferecer –, alguém na sua casa precisará se deslocar até o mercado, organizar a geladeira e a despensa e partir para o fogão. Quem será?

FOME E SACIEDADE

Partindo do pressuposto de que já assumiu a responsabilidade de proporcionar uma alimentação saudável para você e para os seus, imagino que agora o que você mais deseja é viver em paz com a comida. Comer de modo saudável e ficar satisfeita, sentir-se verdadeiramente bem para cuidar da sua vida, trabalhar, estudar… e fazer todas essas coisas sem ficar ansiosa e preocupada com o que vai comer na próxima refeição, pensando em comida o tempo todo e ainda administrando o **medo de sentir fome**. Essa sensação causa angústia e o que a ativa é principalmente a percepção da fome e da saciedade.

Sobre isso, eu tenho uma excelente notícia: sentir fome é um sinal de que você está saudável. Não há nada de errado em sentir fome, ela é uma necessidade do corpo que se faz perceber, porque precisa ser atendida com pressa. O problema é que muitas vezes não permitimos que a fome real aconteça, pois ficamos comendo uma coisinha ou outra durante as refeições, às vezes até com a justificativa de "vou comer agora para não ficar com fome depois, quando não vou conseguir me alimentar".

O grande segredo do sucesso para uma relação saudável com a comida está em permitir que a fome real aconteça e, a partir dela, ofertar o que o corpo pede: calorias com nutrientes. Para tanto, é preciso compreender outra coisa muito importante: nada de mau vai acontecer se o seu estômago roncar.

A fome é uma sensação fisiológica inata e que não precisa ser prevenida. Ela faz parte da gente. Assim como a saciedade, que se manifesta quando a fome é atendida com alimentos. O nosso corpo acusa – por meio da fome – que está precisando de mais energia e nutrientes da mesma forma como nos avisa que está na hora de ir ao banheiro. Você não determina que às 3 da tarde será o horário do seu xixi, não é mesmo? A vontade vem conforme a necessidade. É assim que deve ser com todas as necessidades naturais do nosso organismo. Sentir fome e saciedade deveria, portanto, ser tão natural quanto a vontade de ir ao banheiro, de tomar água e de dormir.

Entendo que, muitas vezes, a própria rotina faz com que você não atenda a esses sinais. Você está com fome, mas não pode interromper uma reunião de trabalho para comer. Ou está plenamente satisfeita, mas alguém oferece um pedaço de torta de chocolate, que você aceita porque é muito saborosa ou porque ficou sem jeito de recusar. Ou então você organizou a sua rotina para comer de três em três horas (com fome ou não).

Por essas e outras questões, o que entendemos por fome ultrapassou o aspecto fisiológico. Hoje, existe a fome emocional, a fome social e a vontade de comer, todas alternativas à fome real. Explico: passamos a comer não apenas porque nosso corpo precisa de energia e nutrientes, mas por diversas outras razões – quando estamos tristes, ansiosas, irritadas, felizes, em um evento ou simplesmente para experimentar o sabor de um novo alimento que nos foi apresentado, só por curiosidade.

Percebe como não é à toa que hoje em dia existe um excesso de comida à nossa volta? Estão aí para atender a todas essas demandas emocionais e sociais, além das fisiológicas. Fazemos parte de uma geração que, com certeza, come muito mais do que o corpo de fato precisa porque usa a comida para tentar resolver ou amenizar problemas que nada têm a ver com a fome, a saciedade ou a comida em si.

Se você reconhece esse traço no seu comportamento, é necessário prestar mais atenção e verificar se o seu anseio por comida envolve a fome real ou se você a tem buscado para atender outras necessidades, como aliviar o estresse, a tristeza e a ansiedade, por exemplo. Se for o caso, buscar acompanhamento psicológico vai ser útil e necessário em seu processo de construção de uma vida mais saudável, pois, para ter mais saúde, você não pode permitir que o meio externo determine sempre o que e quando você vai comer.

Você precisa permitir que o seu corpo sinta fome e daí você vai saciar-se com calorias nutritivas. "Mas, Dani, como eu vou saber se estou com fome real?" Vou ensinar uma maneira bem simples de identificar a fome real. Um exercício que eu mesma faço e que me ajuda a evitar comer sem necessidade: o "teste da salada".

Todas as vezes que você tiver dúvida se está com fome real ou apenas com vontade de comer alguma coisa, abra a geladeira e pergunte-se: *Eu comeria uma salada agora? Comeria esse tomate? Essa cenoura? Comeria esses brócolis que sobraram do almoço?* Se você passa o dia fora de casa, leve com você uma marmita extra de verduras e legumes, assim terá para fazer o teste quando essa dúvida bater fora de casa. Se a sua resposta for *sim, eu comeria esses alimentos*, não importando o horário e o lugar, é sinal de que você está com fome. Agora, se você quer comer, mas não comeria uma salada de jeito nenhum, então não é fome, é só vontade de comer alguma coisa mesmo. Nesse caso, procure não atender ao desejo e não se preocupe, nada de mau vai acontecer. A vontade não atendida também passa.

Entenda que fome real não escolhe, não seleciona os alimentos. Ou seja, não existe fome de pizza ou fome de pão com queijo e presunto. Quando sentimos fome de verdade, ela incomoda a ponto de você se contentar com o que tem. Se o que tem é uma fruta, seu corpo ficará satisfeito com ela.

Outro ponto é que, quando você se alimenta atendendo apenas a vontade de comer, sem critérios para oferecer nutrientes, corre o risco de exagerar na quantidade e parar de comer apenas quando se sentir preenchida de comida. Sem os nutrientes necessários, fica difícil para o corpo reconhecer a saciedade, uma vez que aquele alimento não está atendendo às suas demandas reais. Olha que confusão isso gera no organismo: "como, como e como, mas parece que não mata a minha fome".

É comum que muitas pessoas, ao iniciarem uma reeducação alimentar, reclamem de estar sentindo muita fome, fraqueza, tontura, enjoo, dor de cabeça e irritabilidade. Às vezes, até desconfiam que algo esteja errado: *Estou passando fome com essa dieta da nutri, será que isso está certo?* Provavelmente, está certo, sim.

O que acontece é que o corpo estava acostumado com uma quantidade de energia que você fornecia através da comida. Estando em uma dieta para emagrecimento, por exemplo, esse corpo precisará se acostumar a usar menos energia da comida ingerida e pegar um pouco dos estoques de energia em forma de gordura acumulada no corpo (é isso que gera o emagrecimento, inclusive: o corpo aprender a usar a energia que está acumulada – a gordura). A princípio isso gera um mal-estar, é o período de adaptação do corpo a essa nova realidade, à qual ainda poderá somar a sensação de fome emocional, fome social e vontade de comer alguma coisa.

Se você é uma pessoa que precisa comer menos para emagrecer, mas sofre com esse tipo de dificuldade de adaptação a um novo modo de se alimentar, em vez de privar-se, coma. Mas não escolha apenas os alimentos que matarão a sua vontade. Não tente compensar o mal-estar inicial gerado pela dieta com um lanche cheio dos seus ingredientes favoritos. Cuide em fornecer nutrientes e calorias suficientes e, na dúvida, faça o teste da salada.

Você já almoçou sua refeição com proteína, carboidrato, legumes e verduras e mesmo assim comeria mais? Ainda sente fome? Então coma. Mas repita a salada, os vegetais com mais fibras e menos calorias. Faça isso até tudo se equilibrar e você compreender melhor o funcionamento da sua fome e saciedade. Quantas foram as noites em que eu ataquei a geladeira para comer tomates com sal! Mas pelo menos não acabei com o chocolate dos meus filhos.

O equilíbrio alimentar que faz a pessoa emagrecer e nunca mais engordar também depende da forma como ela se comporta diante da comida. Esse comportamento também inclui não permitir que a ação de comer seja um ato mecânico. Muitos têm o hábito de comer sem prestar atenção, sem mastigar direito, com pressa, falando ao telefone ou vendo televisão, navegando nas redes sociais e até mesmo dirigindo, como se o ato de se alimentar fosse automático. Não é.

Comer dessa forma dificulta a percepção das sensações que o alimento provoca no corpo, principalmente a sensação de saciedade, que é tão importante. Por isso, se alimentar de maneira saudável também significa comer devagar, mastigar várias vezes antes de engolir, soltar o garfo na mesa e respirar, sentir a comida na boca, com seus sabores, texturas e cheiros enquanto você conversa apenas com quem compartilha a mesa durante a refeição. Só assim é possível dar tempo para o estômago sinalizar ao cérebro que você está comendo.

A saciedade acontece no cérebro, não no estômago. E ela chega muito antes da sensação de "barriga cheia". Inclusive, "barriga cheia" é um indicativo de que você já comeu muito mais do que precisava. Se comer rápido demais ou desatenta demais, só vai querer parar de comer quando preencher todo o espaço. E não é isso que você deseja, certo?

Então permita que a fome real aconteça, e só então vá atendê-la; e alimente-se de modo mais consciente. Isso beneficiará de várias maneiras a sua saúde física, mental e emocional, pois é também um comportamento que fortalece o seu poder de decisão. Acredite! Vai chegar o dia em que alguém oferecerá um pedaço de bolo de chocolate e você vai recusar, não porque está de dieta, mas porque não está com fome e consegue dizer tranquilamente: "Não, obrigada. Parece muito bom, mas não estou com fome". Isso é libertador!

AME O MEIO TANTO QUANTO AMA O FIM

Eu sei que, às vezes, o que a gente mais queria era acordar e viver uma nova vida. Mas uma verdadeira transformação não acontece de uma hora para outra. Considere que os problemas instalados hoje na sua vida são frutos de hábitos ruins praticados por anos. Se eles demoraram anos para serem construídos, não serão desfeitos em apenas algumas semanas, concorda?

Quanto vai demorar? é o pensamento desesperador da maioria das mulheres que se olham no espelho e se cansam dos seus 30 quilos acima do peso ideal. Elas querem perder aquele excesso o quanto antes, quase que num passe de mágica, mas precisam considerar que aquele peso extra foi adquirido em muitos meses, talvez anos. O desespero para alcançar o objetivo só atrapalha. E pense: se a saúde e o bem-estar são um **projeto de vida**, por que a pressa?

Certa vez, uma mulher me perguntou: "Dani, tenho 53 anos. Ainda dá tempo de mudar meus hábitos alimentares?". E eu respondi: "Depende. Se você pretende morrer aos 54, não vai compensar muito. Mas, se deseja viver mais, com certeza dá tempo. E vai valer muito a pena, pois você vai viver todos os próximos anos com muito mais qualidade".

Alguns anos atrás, em uma conversa com a minha mãe sobre autocuidado e se arrumar para ficar mais bonita, ela me disse: "Já sou velha, filha". Na época, ela estava com 50 anos, e eu lhe falei o seguinte: "Mãe, a senhora tem 50 anos, digamos que viva até uns 85 – e acredito que vai chegar até lá, pois é forte e cuida da saúde. Por que viver mais 35 anos da sua vida descuidando da sua aparência, como se colaborasse para envelhecer mais rápido? Cuide-se daqui até lá. Isso não tem a ver com a idade, isso tem a ver com **chegar até o final cuidando bem de tudo o que Deus deu em cada fase da sua vida**".

Quanto a você, mulher, se o seu objetivo com a alimentação saudável está relacionado à saúde, ou se o que mais deseja é conseguir subir uma escada sem se fadigar e ter mais disposição para as suas tarefas do dia a dia, tudo que ensino neste livro é capaz de ajudar a transformar a sua realidade para sempre. Como bônus, você ainda vai ganhar uma coleção de receitas verdadeiramente saudáveis e deliciosas que despertarão em você o prazer em comer bem.

Mas entenda que tudo isso não se trata de um projeto pontual, do tipo "perca 6 quilos para o verão". Se você levar a sua vida repleta de projetos pontuais como esses de "ficar mais magra para o próximo carnaval" ou "entrar em um vestido" para determinada festa, a probabilidade de você ganhar peso de novo é muito alta, afinal, o seu objetivo foi alcançado para aquele fim, e ele se acabou. Lembre-se de que *Você mais saudável* é um projeto de vida. As coisas que você está aprendendo e implementando não devem se encerrar com o próximo verão.

Nessa perspectiva de longo prazo, é muito importante ter paciência durante o processo, até porque você vai se atrapalhar no começo e poderá errar algumas vezes para fazer as coisas que não eram do seu costume. Vai usar mais a cabeça para fazer o que já está no modo automático e, por isso, vai demorar um pouco mais na execução de uma nova receita pelo simples fato de o seu cérebro estar organizando aquela informação nova e criando um movimento novo em você. Dá trabalho no começo, mas é um processo absurdamente lindo. Então seja perseverante e paciente consigo mesma.

A boa notícia é que o nosso corpo é extremamente inteligente e não precisa de muito tempo para aprender algo que fazemos todos os dias. Muito antes do que imagina, você conseguirá preparar a mesma receita que agora parece difícil e exige muita concentração, mesmo conversando com uma amiga. E nesse dia se lembrará da vez em que disse "não fala comigo agora porque preciso me concentrar nessa receita".

Eu sei que, mais do que tudo, desejamos o fim – a ausência de dores nas costas, a glicose no sangue controlada, o corpo mais magro e definido, com mais músculos no lugar da flacidez, um sorriso ao se ver no espelho. Mas é necessário desejar o meio, ou seja, apreciar tudo o que a incentiva e leva a conquistar o que deseja. Se você não compreender isso, o caminho a percorrer se tornará sofrido e cansativo, e há o risco de você desistir de continuar.

Não é possível ter um corpo com mais músculos e detestar atividade física. Se você quer o corpo que depende de determinados exercícios, precisa criar maneiras de gostar deles. Afinal, não estamos falando de um projeto pontual, mas de um **projeto de vida**, lembra? E, para ser constante em algo que vamos praticar a vida toda, precisamos gostar do que fazemos.

Por isso, insisto: torne o seu processo o mais agradável possível. Ame o meio tanto quanto ama o fim. Faça tudo o que estiver ao seu alcance para tornar o processo todo mais interessante. Compre uma panela nova, uma fôrma de bolo antiaderente, utensílios que facilitam os preparos, louças decoradas para servir a comida, adornos, plantas, flores no ambiente da sua cozinha, ouça uma música agradável enquanto prepara a comida ou até mesmo assista a uma videoaula com o seu assunto favorito enquanto organiza a geladeira. Use um tênis novo para os seus treinos ou um suplemento que gostaria de tomar para ajudar.

Você pode encontrar nesses pequenos detalhes, somados às receitas que está aprendendo neste livro, uma forma de tornar o seu processo de construção de uma nova vida bem mais agradável. Na verdade, desejável! Mas lembre-se: esforce-se para desejar o meio.

Tenha apreço pelo meio, porque não dá para ter o fim sem passar por ele. A grande alegria do alpinista não está em chegar ao topo, e sim em tudo o que enfrenta durante o caminho que percorre até lá.

ATENÇÃO AO AMBIENTE

Estar só ou mal acompanhada pode atrapalhar a conquista por mais saúde. Estar só já não é mais o seu caso, pois estou aqui com você. Mas, longe de mim, será que tem estado mal acompanhada? Vamos descobrir com a ajuda da Luiza.

Luiza precisava melhorar os níveis dos seus exames de rotina urgentemente. Consultou-se com a nutricionista, pegou seu novo plano alimentar, passou bem animada no mercado para comprar os alimentos indicados na dieta porque dessa vez ia seguir algo personalizado. Ligou para a amiga personal e disse: "me treina novamente?". Ela até comprou uma roupa fitness para animar.

Tudo estava indo bem até que, na metade da segunda semana, ela começou a desanimar. Enjoou daquele café da manhã, começou a sentir preguiça de ir à academia e buscava no espelho o resultado do seu esforço, mas não encontrava nenhuma mudança. Para piorar, não era fácil ver os filhos e o marido comendo pizza enquanto temperava o frango para o seu jantar. Também estava difícil lidar com as amigas do trabalho toda semana marcando de ir à padaria comer pão de queijo e tomar cappuccino.

Ela estava resistindo a esses eventos sociais para não sair da dieta, mas, em casa, perdia alguns bons minutos navegando pelas redes sociais, acompanhando perfis de bolos decorados. Era a profissão da sua falecida avó e, como ela cresceu vendo a montagem daqueles lindos bolos de andares, se apaixonou por confeitaria e adorava seguir aquele tipo de conteúdo.

Observe que Luiza, em um processo para melhorar a saúde, convivia com diversos estímulos em casa, no trabalho e nas redes sociais, todos vindos de pessoas que mantinham hábitos alimentares diferente do dela e que se alimentavam daquilo que ela precisava evitar. Enquanto ela precisava fazer uma coisa, o ambiente no qual estava inserida despertava o desejo de fazer exatamente o contrário. Luiza estava, então, mal acompanhada? Precisaria ela mudar de marido, emprego, amigas, e se desconectar das redes sociais?

Estímulos contrários atrapalham e é absolutamente normal vir a desmotivação, inclusive porque motivação não é um estado permanente. Por isso, precisamos fazer as coisas por compromisso, independentemente da motivação. Mas, no caso da Luiza, ela também estava inserida em contextos "**des**motivacionais". E o que fazer nesses casos?

Para quem deseja adotar uma rotina saudável, não vai ajudar admirar fotos de bolos decorados todos os dias. Imagine preencher os seus olhos com aquilo que precisa evitar. Seu corpo sente desejo pelo que considera bonito e atrativo aos seus sentidos. Portanto, se você está em busca de uma alimentação mais equilibrada, menos calórica e mais natural, é para essa comida saudável em sua forma mais bonita que você precisa direcionar o seu olhar. Você precisa ver, ter contato, estimular a sua vontade por aquilo que é necessário para você. Coisas saudáveis precisam ser, além do alimento do seu corpo, o alimento dos seus olhos.

No caso da Luiza, acompanhar perfis de comida saudável bem-feita seria mais interessante do que seguir perfis de confeitaria. O nosso corpo sente vontade de comer aquilo que foi estimulado a desejar. O que ela precisava para contribuir com seu processo eram novas referências – um novo conceito do que é bonito e saboroso.

Para construir novas referências, é necessário se envolver com pessoas que desejam ou que já vivem a transformação que você quer viver. O que não significa trocar de marido, de amigas ou de trabalho, mas observar, admirar e promover conversas com pessoas que cultivam hábitos diferentes daqueles que você está tentando transformar, pessoas que vivem o mesmo propósito que você está buscando. Assim, os seus sentidos serão aguçados para o que você precisa, e não para o que deve evitar.

Esse simples comportamento de atentar mais ao ambiente e procurar direcionar a sua atenção a coisas próprias de uma vida saudável permite também conversar sobre o seu processo, ouvir as experiências de quem compartilha das mesmas buscas e perceber que você não está sozinha nessa caminhada. A "Hora de acordar" também é sobre procurar nutrir o seu pensamento com aquilo que você deseja e o que quer passar a desejar pelo simples fato de saber que precisa disso.

APRECIAR O AMANHECER

A maneira como você começa o seu dia impacta profundamente o decorrer dele. Comece o seu dia bem para aumentar a probabilidade de ele terminar bem. Se você começa o seu dia de qualquer jeito, sem atenção, ligando a televisão para escutar as notícias, abrindo o celular e se nutrindo de informações do mundo que não dizem respeito ao que você precisa fazer pela sua vida ou checando mensagens que recebeu nos grupos de WhatsApp enquanto dormia, você inicia o seu dia deixando de pensar em si para pensar nos outros que, na maioria das vezes, nem sequer sabem da sua existência.

O despertar pode piorar ainda mais quando você acorda atrasada e as coisas precisam ser feitas com pressa: o café da manhã passa a ser uma fatia de pão degustada dentro do carro a caminho do trabalho. Isso configura o início de um dia desordenado, pois não houve o estabelecimento de critérios a serem seguidos no decorrer dele.

O amanhecer é o momento crucial que direciona todo o seu dia. Se você o inicia sem determinar o que precisa fazer e permite que as coisas ao redor a impulsionem a se mover, como pode garantir que fará exatamente o que precisa ser feito nas próximas vinte e quatro horas? Seu despertar é importante para toda uma sequência de ações que estarão por vir ao longo do dia, inclusive a sua alimentação. Comer qualquer coisa ao acordar é determinante para uma série de comportamentos alimentares inadequados.

Sabe aquela afirmação de que "a primeira refeição do dia é a mais importante"? Ela costuma ser muito mal interpretada. A maioria das pessoas interpreta essa afirmação como se o café da manhã fosse o momento de comer mais. Não é isso. A primeira refeição do dia é a mais importante porque é a primeira alimentação do seu despertar, o primeiro alimento que ingere depois de um longo período de jejum que aconteceu enquanto você dormia.

Portanto, se você começa o seu dia comendo alimentos ruins, desconfigura tudo aquilo que o seu corpo havia regulado durante a sua noite de sono. Daí, não se espante se perceber seu paladar alterado, buscando por alimentos mais doces; ou se você tiver mais apetite durante o dia, não se sentir satisfeita nas suas refeições e ficar querendo comer alguma coisa a toda hora.

Na primeira refeição do dia você precisa ser estratégica na escolha do que comer. Não comer qualquer coisa e, muito menos, se preocupar em comer muito. No seu café da manhã, você precisa comer bons alimentos com maior densidade nutricional, como as proteínas, carboidratos naturais e boas fontes de gorduras. Se, por algum motivo, você não conseguir se organizar para fazer um café da manhã nutritivo, não se farte de alimentos ultraprocessados. Se quiser, pode até optar por um jejum, o que vai evitar de acordar a sua digestão com alimentos que desregularão o seu apetite.

Outro ponto a combinarmos: de agora em diante, não deixe faltar proteína nas suas principais refeições, inclusive (e principalmente) no café da manhã. Está bem?

As proteínas possuem nutrientes de primeira ordem de importância para a saúde do corpo. Elas são responsáveis pela preservação e construção de todos os tecidos do corpo humano: ossos, músculos, veias, órgãos, neurônios, hormônios. Tudo depende de proteína. Além disso, sua densidade nutricional ajuda a gerar saciedade e controlar o apetite. Se você faz uma refeição farta, mas sem proteína, em pouco tempo sentirá fome de novo, mesmo tendo "comido bastante". Você se lembra de algum dia em que se fartou de pão, bolo ou macarrão e, pouco tempo depois, sentiu vontade de comer mais alguma coisinha? Agora sabe o motivo.

Infelizmente, o café da manhã é a principal refeição em que a ingestão de proteína é negligenciada. A maioria das pessoas aprendeu a comer uma grande quantidade de carboidrato no despertar: pão, bolo, cereal, leite com achocolatado, suco de frutas, geleia, torrada, pão de queijo, torta... e segue a lista. Mas é importante começar o dia tendo por hábito aquilo que você deseja que se estenda pelo restante dele, e não o contrário. Se você começa o dia comendo um excesso de carboidrato, o seu corpo terá recebido, logo na primeira refeição do dia, aquele tipo de alimento que provocará nele o desejo de querer mais e mais. Desse modo, não estranhe se o seu corpo desejar mais carboidratos no almoço, no lanche e no jantar.

Se você deseja ter uma alimentação saudável e equilibrada, com um apetite controlado, livre de excessos, evitando comportamentos prejudiciais à sua saúde, precisa criar as condições para que seu corpo proporcione isso desde o amanhecer. A "Hora de acordar" para uma vida mais saudável, nesse aspecto, é literal. O amanhecer é quando você literalmente decide se está acordando e se levantando para ser mais saudável ou não. É na primeira hora do dia que você toma essa decisão.

O primeiro toque do seu despertador é crucial. É aquele primeiro momento do dia em que **você vence**. Vence a preguiça e a vontade de dormir mais alguns minutos; vence a curiosidade de conferir o feed das suas redes sociais enquanto fica mais uma hora deitada na cama; vence o impulso de se preocupar primeiro com o mundo e as outras pessoas... Nessa hora, a sua preocupação deve ser mínima: apenas se levantar e cuidar de si mesma. É a hora de nutrir o seu corpo com bons alimentos e determinar qual será a sua probabilidade de ter um dia bom.

Se, ao amanhecer, você não procurar vencer a si mesma, o que mais poderá esperar vencer no restante do dia?

FRITTATA DE LEGUMES
O EXERCÍCIO QUE A RECEITA ENSINA

Que tal acordar mais cedo? Preparar um café da manhã maravilhoso como esse que acabei de apresentar leva mais tempo do que pegar uma fatia de pão e sair comendo, mas vale a pena em cada segundo dele. A "Hora de acordar" para uma vida mais saudável também é saber se reorganizar.

Para se cuidar melhor, será necessário que tenha um tempo para si. No entanto, para nós que somos mulheres, esposas, mães, profissionais, entre tantos outros afazeres e papéis que ocupamos na vida, o nosso "tempo para nós mesmas" não funciona se for o "tempo que sobra", porque dificilmente vai sobrar. Mas, com o esforço de acordar mais cedo, a gente consegue criar mais tempo. Então, o que acha de começar a criar esse tempo para cuidar de si mesma primeiro?

Antes da minha profissão de chef saudável, trabalhei por muitos anos em uma fábrica de massas de pizzas com o meu pai. Depois, quando me casei, na fábrica de persianas do meu esposo. E uma coisa muito interessante que eu notava nas fábricas era que o dia só começava depois que o gerente "soltava a produção". A função dele começava antes dos outros, conferindo os pedidos recebidos no dia anterior e relacionando tudo que precisava ser feito para que pudesse direcionar a produção. Por muitos anos fiz exatamente essa função de soltar a produção do dia. Esse aprendizado foi muito útil para a minha vida em casa, porque eu também sou a responsável por "soltar a produção" do meu lar.

Já faz tempo que tenho o hábito de acordar duas horas antes de começar a trabalhar. Construí para mim rituais que considero essenciais e que me ajudam a manter as coisas em ordem, como fazer as minhas orações e leituras espirituais, tomar meus suplementos e meu shot. Assim, desde as 5 horas estou cuidando da saúde do meu corpo, da minha mente e do meu espírito.

Só depois disso checo meus e-mails, agenda e, enfim, "solto a produção". Preparo o café da manhã, defino o cardápio do almoço, vejo se preciso comprar alguma coisa no mercado, organizo a agenda dos meus filhos com o meu marido, decido sobre o jantar – se vamos comer a sobra do almoço, se temos algum compromisso ou se vamos jantar fora, e, conforme a agenda, se estarei livre para preparar uma refeição fresquinha para a família. Tudo isso é definido no meu despertar. Entretanto, se eu acordar atrasada, mal consigo decidir qual roupa usar, quanto menos do que vou me alimentar.

O uso de um checklist (mental ou por escrito, como for mais fácil para você) de como deve ser o dia servirá para direcionar a sua ação. Se você não faz isso para direcionar o seu dia, ele é que definirá como você vai ser. Quando não chega mais cedo que os outros para "soltar a produção", você perde a chance de determinar o que acontece no seu dia pela falta daqueles minutos, daquele período inicial (e crucial) de tomar consciência do que precisará fazer nas próximas horas – inclusive do que precisará comer, porque se alimentar também faz parte da "produção" do seu lar.

Hoje, graças a Deus, tenho ajuda para a maioria dos meus afazeres domésticos. Mas TUDO o que constitui a base da minha vida saudável e do que ensino para milhares de mulheres eu aprendi e consolidei quando não tinha as condições que tenho agora. Por isso, tenho certeza de que o tempo a gente arruma conforme a necessidade.

Mesmo tendo ajuda, não deixo de acordar cedo e soltar a produção do meu lar e de tudo que eu desejo viver naquele dia. Esse exercício é um chamado para se cuidar melhor, então repito: acorde mais cedo. Esse hábito transformará a sua vida.

Antes de conhecer a Dani, eu não gostava de cozinhar. Eu a via cozinhando para a família e pensava sorte a deles de ter uma mãe assim. Daí eu pensei: o que me impede de ser assim também? Comecei pelo leite de coco, depois fiz o mingau de banana e o molho de tomate. Hoje, estou quase uma chef (risos). Para alguém que não gostava de cozinhar, me tornei alguém que está amando a experiência, porque, além da comida ser saudável e gostosa, são receitas práticas.

APRENDA E APLIQUE

Por razões muito justas eu propus priorizar proteínas no seu café da manhã. E, para ajudar a cumprir o nosso combinado, não vou deixar este capítulo acabar sem uma receita deliciosa que fará o dia começar melhor.

Vou surpreender você com uma excelente maneira de despertar, se alimentando com uma refeição bem diferente de tudo o que provavelmente foi apresentado a você como café da manhã.

FRITTATA DE
LEGUMES

ingredientes:

½ xícara de chá de abobrinha ralada (aproximadamente ½ abobrinha)

½ xícara de chá de cenoura ralada (aproximadamente ½ cenoura)

¼ de xícara de chá de queijo parmesão ralado (opcional)

2 colheres de sopa de cebolinha picada (ou salsinha, coentro, manjericão, orégano)

1 colher de sopa de farinha de milho

¼ de colher de chá de cebola em pó (ou ¼ de cebola picada fina)

¼ de colher de chá de alho em pó (ou 1 dente de alho socado)

1 ovo

1 pitada de sal

Pimenta-do-reino a gosto

modo de preparo:

1. Em uma tigela, misture todos os ingredientes até formar uma "massinha".

2. Aqueça em temperatura média (180°C) uma frigideira antiaderente pequena. Unte-a com azeite e espalhe a massa, pressionando para ficar compacta. Deixe cozinhar até dourar.

3. Para virar, retire a frigideira do fogo, apoie um prato sobre a borda (tampando) e vire de uma única vez no prato. Empurre a frittata de volta para a panela e deixe grelhar do outro lado. Outra sugestão é dividir em porções menores, estilo panquecas, para virar com uma espátula. Fica mais fácil de preparar.

4. Sirva com folhas e ovos cozidos.

CAPÍTULO 5

Hora de se preparar!

Claro que não vou deixar você ir ao campo de batalha sem armas. A partir de agora, vamos começar a preparar a sua rotina e cozinha para acolher os seus novos hábitos e munir o ambiente dos principais utensílios e ingredientes necessários para você começar a cozinhar e se alimentar de maneira mais saudável todos os dias. Mas, para isso, você vai precisar de planejamento e organização.

A importância de planejar está no fato de que a maneira como você faz uma coisa influencia o resultado. Planejar implica parar e pensar antes de fazer, encontrar a melhor forma de realizar – assim, caminha-se em direção à excelência. Não é buscar a perfeição, mas procurar fazer bem-feito tudo o que se propõe a executar. Para fazer algo bem-feito, é necessário que o ambiente esteja favorável à realização das tarefas, então o nosso ponto de partida será a organização do ambiente de trabalho, que é a cozinha. A organização da cozinha permitirá que o trabalho de cozinhar seja mais fluido e menos custoso.

Considerando o fato de que o ambiente influencia no desenvolvimento das tarefas, uma cozinha repleta de louças e utensílios velhos, inutilizados e guardados desorganizadamente só vai atrapalhar o seu processo. Afinal, você não pode ir ao campo de batalha sem armas, mas também não pode ir sobrecarregada de coisas que vão atrapalhar. Sua cozinha precisa ser funcional e prática, não apenas bonita. Também não pode ser um entulho de louças, porque, quando está com panelas no fogo, você lida com segundos para resolver as coisas – se a cozinha não for funcional, a cebola e o alho podem queimar enquanto você procura uma espátula para misturá-los.

Cozinhar é estar com os olhos voltados para os ingredientes na bancada, no forno e no fogão. Uma mão se movimenta para pegar o sal, enquanto a outra segura o talher e o movimento do corpo fecha a porta do armário. É como se fosse uma orquestra, com vários instrumentos atuando simultaneamente. Portanto, é preciso ter ao alcance das mãos os principais utensílios, como tábua de corte, panelas, facas e tigelas que são usadas com maior frequência, bem como os temperos e gorduras usados para cozinhar.

É necessário desapegar das coisas inúteis que ocupam espaço e mudar alguns itens de lugar para facilitar o trabalho. Do contrário, você vai gastar mais tempo na cozinha e tornará o processo de preparo mais custoso. Um segundo que você perde pensando *onde está o ralador de queijo?*, somado a vários outros segundos se perguntando *cadê a assadeira redonda? A espátula de madeira? A caçarola? O escorredor? O fatiador de legumes?* no final do preparo, equivalem a um momento em que você poderia estar desfrutando da companhia de uma pessoa querida da sua família. A falta de organização atrasa a evolução de qualquer projeto. Portanto, se a sua cozinha for desorganizada, atrasará a sua mudança alimentar.

Se você se encontra nesse cenário, sua primeira tarefa é fazer uma **faxina na sua cozinha**, com dois objetivos principais:

1. Retirar tudo o que você não usa (não é para guardar no quartinho da bagunça, é para se desfazer de verdade do que não usa; desapegar!);
2. Deixar próximos do fogão os utensílios e ingredientes que você usa com frequência.

Essa tarefa vai ajudar a memorizar onde estão as coisas na sua cozinha e tornará o ato de cozinhar muito mais ágil e automático, demandando menos movimento do corpo e da mente. Com o tempo, aquilo que era custoso fazer não recrutará esforço algum da sua parte. Essa mudança também vai abrir espaço para inserir novas coisas que vou sugerir neste capítulo. Mas lembre-se: **as novas coisas entram somente depois que o excesso tiver sido eliminado**.

Feito isso, está na hora de fazer uma geral na sua despensa e geladeira. Retire tudo que não fará mais parte do seu novo estilo alimentar. Ter em casa alimentos que deseja evitar é um caminho para "enfiar o pé na jaca" no primeiro dia que estiver sozinha, triste ou desmotivada e desejar comer algo para aliviar essa carga emocional.

Pode ser que não seja possível eliminar tudo de uma vez, ainda mais se outras pessoas na casa consumirem os alimentos que você está tentando evitar. Nesse caso, procure organizar a despensa e a geladeira de uma forma que retire esses alimentos do seu campo de visão para que não fiquem tentando a sua vontade todas as vezes que você abrir a porta do armário. No entanto, isso não significa que você nunca mais vai comê-los. Retirar os alimentos da sua casa ou do seu campo de visão não é eliminar da vida, ok? Você apenas evitará que os alimentos que prejudicam a sua saúde sejam a primeira opção para as suas refeições. Se um dia decidir abrir uma exceção para um pedaço de bolo de chocolate, poderá comprá-lo e consumi-lo naquele momento, e pronto. Mas, nesse momento de transição para uma alimentação natural, priorize ter em casa, deixar visível e acessível somente aquilo que precisa utilizar e consumir com frequência.

E mais: quando digo eliminar os excessos da sua cozinha, não significa jogar tudo no lixo. Penso que a decisão de mudar os hábitos alimentares é individual e, certamente, existe alguém próximo de você que ainda necessita desses utensílios velhos que você não utiliza mais ou de alimentos que não nutrem, mas que matam a fome daqueles que não têm o que comer. Em vez de descartar, doe a quem precisa.

Para quem não tem o hábito de cozinhar, essa faxina na cozinha pode parecer um mero detalhe, porém, ao final, fará toda diferença. Foi assim com a Sandra: ela tinha duas cozinhas – uma dentro da casa e outra na área externa, onde ficava a churrasqueira. No dia a dia, preparava o almoço na cozinha de fora para não sujar o ambiente interno. No entanto, a maioria dos utensílios eram guardados na outra cozinha, onde estavam os armários.

Quando visitei a casa da Sandra pela primeira vez, para lhe ensinar preparos mais saudáveis, a primeira coisa que propus foi guardar os utensílios e os alimentos próximos do local onde a comida seria preparada. Como no ambiente externo não havia armários suficientes para acomodar tudo, sugeri preparar a comida na cozinha interna. Essa decisão foi difícil para a Sandra – que precisava se desapegar daquela ideia de usar a cozinha apenas "de enfeite" –, mas ela aceitou quando eu disse que cozinhar não deveria ser um tormento, e que ela tinha muito trabalho com aquela logística de entrar e sair da casa várias vezes para fazer um almoço.

Não precisou de muito tempo para a Sandra se convencer plenamente. Ela não gostava de cozinhar, mas essa mudança no ambiente da cozinha motivou-a a preparar refeições para sua família. Ela mesma comentou algum tempo depois: "Como uma mudança tão pequena impactou tanto a rotina alimentar da minha família? Agora, até o meu esposo prepara o café da manhã das crianças". Essa transformação aconteceu, primeiramente, porque o movimento de cozinhar ficou mais fácil.

Para ajudar você na tarefa de eliminar os excessos e deixar a sua cozinha mais prática e funcional, vou oferecer uma lista de utensílios essenciais, assim como uma lista de compras saudáveis. Vou orientar como armazenar os alimentos e instruir sobre congelamentos, tudo para facilitar a sua rotina. Ao usar as listas, lembre-se de que o princípio de se livrar antes de começar sobre o qual falamos no capítulo anterior também se aplica à organização da cozinha.

UTENSÍLIOS ESSENCIAIS NA COZINHA SAUDÁVEL

PARA O FOGÃO

- 4 panelas com tampas, de tamanhos variados, para o preparo de arroz, feijão, cozimento de carnes, refogados de legumes ou ensopados;
- 1 frigideira grande (preferencialmente antiaderente) ou 1 caçarola (panela larga com bordas de altura média) para os grelhados;
- 1 frigideira antiaderente pequena para ovos e tapiocas;
- 1 panela de cozimento a vapor para os vegetais;
- 1 panela de pressão para cozimento de feijão, grão-de-bico e outros alimentos mais fibrosos.

SOBRE A QUALIDADE DAS PANELAS

Com frequência, recebo a pergunta: "Dani, qual é a melhor panela para cozinhar mais saudável?". A resposta é: a melhor panela é aquela que você pode comprar. A qualidade da panela não pode ser um fator determinante para você cozinhar de modo mais saudável. É claro que a busca por melhorias também pode se estender para os equipamentos e utensílios que vão ajudar no processo de cozinhar bem, mas não é a "panela X que não solta resíduos tóxicos na comida" que vai garantir a sua saúde, e sim o que você coloca para cozinhar nela. Portanto, não adie um dia sequer a sua refeição mais saudável por acreditar que suas panelas não estão adequadas.

Existem panelas de vários materiais e, de fato, algumas soltam resíduos que não fazem bem à saúde. Panelas de aço cirúrgico são as mais indicadas para quem faz questão de um material com 100% de garantia de não soltar nenhum resíduo na comida. No entanto, são panelas com um custo mais elevado, inacessível para a maioria da população. As de teflon, ferro e alumínio são as que mais soltam resíduos na comida – são mais baratas justamente por não existirem tantos critérios na escolha da matéria-prima para a fabricação.

Mas não se desespere se você prepara arroz e feijão na panela de teflon, afinal, a conquista da saúde e a falta dela envolvem a junção de vários outros fatores. Devemos, sim, nos preocupar com a toxidade das coisas, mas não adianta nada investir em uma panela sofisticada, que não solta poluentes e que preserva melhor os nutrientes dos alimentos, se no fim de semana ainda há espaço para a cerveja gelada, entende? O que você come e bebe afeta muito mais a sua saúde do que os resíduos dos materiais que utiliza na cozinha.

Se você pode investir em panelas de melhor qualidade, uma boa opção são as panelas de aço inox. Um pouco mais caras do que as de teflon, ferro e alumínio, elas são fabricadas com um tipo de material com não toxidade e qualidade da matéria-prima asseguradas pelos fabricantes. As que têm fundo triplo são melhores para cozinhar, pois conduzem melhor o calor. Há, ainda, panelas de aço inox com revestimento em cerâmica, que também são excelentes para cozinhar: não grudam os alimentos, demandam menos gordura, conduzem bem o calor e oferecem pouca toxidade. São as minhas favoritas, porque unem várias características que facilitam cozinhar na prática, especialmente para carnes, frango, refogados e ensopados.

Apesar de serem ótimas, as panelas de aço inox (com ou sem fundo triplo) não são indicadas para ovos, tapiocas ou preparos mais delicados. Para esses precisamos das frigideiras antiaderentes – mesmo que seja uma simples, de teflon. Elas dispensam o uso de muita gordura e evitam que o alimento delicado grude no fundo da panela e se desfaça, como no preparo de uma omelete, que, do contrário, poderia ficar metade grudada no fundo da panela.

Uma coisa que vale a pena analisar é: com que frequência você troca as suas panelas? Se precisar trocar a cada dois anos, por exemplo, significa que elas não têm tanta qualidade. Se você conseguir investir em panelas mais resistentes, mesmo desembolsando mais em um primeiro momento, sairá ganhando a longo prazo, pois elas durarão mais. As de aço inox, por exemplo, duram a vida toda, de modo que você não precise gastar com panelas nunca mais.

Mas o mais importante é que você invista em panelas conforme as suas necessidades e possibilidades. Na hora de escolher, imagine quais são os preparos mais frequentes no dia a dia da sua casa e liste quais são os formatos e tipos de panela que atendem melhor às suas demandas. Você se lembra daquele ditado "panela velha é que faz comida boa"? Se a panela está velha é porque a dona praticou bastante o ato de cozinhar, então o crédito é sempre para a dona, e não para a panela.

PARA O FORNO

- 3 assadeiras retangulares, 1 pequena, 1 média e 1 grande, para assar carnes, frango, peixes, legumes, bolos, tortas, quibes etc.;
- 1 fôrma redonda com buraco no centro, pequena ou média, para bolos;
- 1 fôrma de pão, retangular, pequena ou média;
- 1 fôrma redonda com fundo removível, pequena ou média, para quiches e tortas;
- 2 fôrmas de vidro refratário, 1 pequena e 1 média (retangular, quadrada ou redonda);
- 1 luva térmica ou bons panos de prato;
- Papel antiaderente para uso culinário, similar ao papel-manteiga, é ideal para assar alimentos sem grudar;
- Papel-alumínio.

PARA FATIAR E CORTAR

- 1 jogo de facas que contenha faca de chef e faca de legumes;
- 2 facas de serra, 1 grande e 1 média;
- 1 amolador de facas;
- 1 descascador de legumes;
- 1 fatiador de legumes;
- 1 tesoura de cozinha.

PARA O PREPARO DOS ALIMENTOS

- 1 tábua de corte, preferencialmente de bambu ou madeira;
- 1 socador ou ralador de alho;
- 1 espremedor de limão;
- 1 ralador de mão para queijo, cenoura, abobrinha etc.;
- 1 ralador ʒester para raspas da casca de laranja e limão;
- 2 espátulas de silicone, 1 pequena e 1 grande, preferencialmente flexíveis;
- 1 pegador/pinça de silicone;
- 1 pincel de silicone;
- 1 fouet;
- 1 amassador de batatas;
- 1 colher de pau;
- 1 escorredor para arroʒ e massas;
- 1 abridor de garrafas;
- 2 peneiras de metal, 1 pequena e 1 grande;
- 1 jogo de xícaras e colheres medidoras padrão universal (xícara de chá de 240 ml e colher de sopa de 15 ml);
- 1 balança de alimentos;
- Tigelas de tamanhos variados, com e sem tampa, para acomodar alimentos cortados que serão preparados, temperados etc.;
- Liquidificador;
- Processador de alimentos.

PARA BEBIDAS

- 1 chaleira;
- 1 coador de café;
- Jarras para água e suco;
- Garrafa térmica.

PARA SERVIR

- Pratos rasos, fundos e de sobremesa;
- Colheres, garfos, facas;
- Bandejas e travessas;
- Concha, escumadeira, colheres de servir;
- Espátula para cortar bolos e tortas;
- Pegador de saladas;
- Toalha de mesa e jogo americano;
- Copos padrão americano para água e sucos;
- Xícaras de chá e de café;
- Descanso de travessas;
- Recipientes para sal, azeite e vinagre.

PARA GUARDAR

- Potes com tampa para armazenar ingredientes secos;
- Potes de vidro com tampa para guardar comida na geladeira;
- Conjunto de porta-temperos para ervas e especiarias;
- Pregador de embalagens.

PARA A LIMPEZA

- Escorredor de louças;
- Rodinho de pia;
- Lixeira.

Há muito mais caso queira acrescentar: rolo para abrir massas, batedor de carne, taças para vinho e outras bebidas, mixer de mão, sanduicheira, torradeira, batedeira, cafeteira, miniprocessador, moedor de café, air fryer. Há vários modelos de facas, fatiadores para diversos formatos, espremedor de frutas e até descascador de abacate. O mundo dos equipamentos e utensílios parece não ter fim! No entanto, não precisamos de tudo que nos é oferecido.

Lembre-se: essa é apenas uma orientação. Sua cozinha não precisa ter todos esses utensílios para você preparar a sua comida de maneira saudável. O essencial vai depender da sua necessidade, do seu estilo de vida e da sua estrutura familiar.

Diante dessa lista, verifique o que você já possui e pontue aquilo que falta, de acordo com o que vai usar. Não precisa comprar fôrmas de bolo se você não pretende preparar bolos, certo? Organize-se para investir nas necessidades mais urgentes. A frigideira antiaderente para fazer a omelete no café da manhã é mais importante do que as travessas, assim como vale investir em uma boa faca antes de um fatiador de alimentos.

COMO FAZER UMA BOA COMPRA E AINDA ECONOMIZAR?

Com alguns anos de experiência de trabalho com alimentação saudável, percebi que há excesso de comida na despensa e na geladeira das pessoas. Em muitas situações, compram em maior quantidade para aproveitar promoções de atacado. Com produtos de limpeza e alimentos não perecíveis, isso pode gerar uma boa uma economia, mas essa estratégia não serve para os alimentos naturais como verduras e legumes, frutas, carnes, queijos, arroz e feijão.

Alimentos naturais precisam ser comprados em pouca quantidade para não estragarem. Eu oriento uma compra desses alimentos para suprir a demanda de uma semana, apenas. Caso contrário, acontecerão duas coisas: alimentos jogados no lixo, o que significa desperdício, ou você comer além do que precisa com a seguinte justificava: "vou cozinhar, senão vai estragar" – e esse comportamento caracteriza mais uma forma de desperdício, uma despesa extra e o consumo de calorias desnecessárias. Quanto maior o volume de alimentos naturais, maior a urgência de consumo antes que estrague.

Já notou em você um comportamento mais ansioso, com vontade de comer alguma coisa toda hora, quando a sua geladeira ou seu armário estão repletos de comida?

Quando a geladeira e os armários estão preenchidos de comida, também acontece certa confusão de nunca saber ao certo os alimentos que você tem. Você está a caminho de casa e pensa *vou preparar um strogonoff*, mas não tem certeza se tem mostarda e creme de leite. Para não correr o risco de faltar, passa no mercado e compra esses itens. Ao chegar em casa, descobre que já tinha os dois ingredientes abertos na porta da geladeira, mas que não se recordava porque, mesmo abrindo a geladeira todos os dias, não era possível fotografar mentalmente o que havia lá dentro por conta da quantidade de alimentos que se misturavam. Assim, o que antes eram 1 creme de leite e 1 mostarda abertos, passam a ser dois sem necessidade. É dessa forma que o acúmulo começa a acontecer e, como consequência, o desperdício.

Já presenciei geladeiras com 4 caixas de leite, 3 frascos de ketchup, 3 latas de leite condensado, 2 potes de manteiga, 3 latas de molho de tomate – todos abertos sabe-se lá desde quando – e, acredite se quiser, 30 cebolas na gaveta de verduras, junto com 15 tomates! Numa dessas casas, moravam apenas o casal com dois filhos, um menino de 3 anos e uma bebê de colo. Mas a quantidade de comida era tanta que seria capaz de alimentar um time inteiro de futebol.

Eu sei que existe certo incômodo quando há pouca comida na geladeira, uma espécie de medo de faltar e isso gerar algum problema. Veja, nada de mau vai acontecer se a mostarda ou a berinjela acabarem em plena quarta-feira. É só fazer um preparo com o que tem em casa e ficará tudo bem. Se acabar o iogurte, coma ovos; se acabar o frango, prepare uma carne ou faça um jantar vegetariano. Esse comportamento, inclusive, diversifica a alimentação e oferece para o corpo nutrientes variados e de diversas fontes.

Portanto, **não compre nada que não vai utilizar no período de uma semana**. Lembre-se: toda semana você vai estar no mercado por alguma razão, então não há necessidade de comprar 15 tomates se não for utilizá-los durante esse período; não precisa comprar 20 cebolas se o máximo que consegue usar em uma semana são 7. Comprando apenas o essencial para se alimentar por uma semana você manterá a geladeira organizada e saberá com mais precisão o que tem lá dentro, o que facilitará a tomada de decisão sobre o que cozinhar, evitará desperdícios e garantirá ter sempre à disposição alimentos mais frescos e bonitos.

Outro ponto importante é que elaborar o planejamento alimentar da família para uma semana é mais fácil do que planejar as compras e refeições do mês todo. Aqueles dez minutos dedicados a rascunhar o que se pretende cozinhar durante a semana e quantificar os alimentos que serão necessários garantem uma compra mais econômica. Você vai comprar o suficiente e agilizar o tempo de decisão sobre o que preparar porque terá roteirizado o cardápio, e, mesmo que altere um preparo ou outro, não será custoso reajustar, pois a decisão do que preparar poderá ser tomada a partir de poucas opções, e não de um volume de coisas que deixa qualquer um confuso.

Já se viu na situação de abrir a geladeira e ficar olhando para as opções, sem saber o que preparar? Encontrá-la repleta de alimentos intensifica essa sensação. Por isso, planejar o que preparar durante a semana vai ser importante para você criar o hábito de comprar de acordo com as suas reais necessidades. Assim você passará a abrir a geladeira sabendo que tem tudo o que precisa para alimentar sua família porque se antecipou em predefinir, por exemplo, que na segunda-feira vai ter sobrecoxa assada com batatas e vagens; na terça, fraldinha com mandioca e berinjela; quarta-feira será torta com recheio de frango desfiado e salada de folhas; e por aí vai.

Aqui está um exemplo de um cardápio semanal simples:

REFEIÇÃO	SEGUNDA	TERÇA	QUARTA
CAFÉ DA MANHÃ	• Crepioca; • Suco verde.	• Ovos mexidos; • Mamão.	• Tapioca com queijo.
ALMOÇO	• Sobrecoxa assada; • Arroz integral; • Feijão; • Mix de legumes assados (cenoura, abobrinha, vagem); • Salada de folhas.	• Tilápia grelhada; • Purê de mandio-quinha; • Mix de legumes refogados (cenoura e abobrinha); • Salada de folhas.	• Torta com recheio de frango; • Brócolis grelhados; • Salada de folhas.
LANCHE	• Salada de frutas com banana e mamão; • Ovos.	• Batida de frutas com proteína em pó.	• Ovos mexidos.
JANTAR	• Sopa de legumes com frango ou o que sobrou do almoço.	• Omelete com legumes.	• Torta que sobrou do almoço.

QUINTA	SEXTA	SÁBADO	DOMINGO
• Pão de frigideira com queijo.	• Crepioca; • Suco verde.	• Mingau de aveia.	• Ovos mexidos; • Banana.
• Fraldinha assada; • Mandioca cozida na manteiga; • Berinjela assada; • Salada de folhas.	• Strogonoff de frango; • Arroz integral; • Farofa de castanhas; • Salada de folhas.	• Quibe de carne moída; • Brócolis assados; • Salada de folhas.	• Peixe ensopado; • Arroz branco; • Farofa de banana; • Abobrinha refogada.
• Banana assada com queijo.	• Batida de frutas com proteína em pó.	• Ovos mexidos.	• Bolo de banana.
• Sopa de legumes com frango.	• Omelete com legumes.	• Quibe que sobrou do almoço.	• Sopa de legumes com carne moída.

HORA DE SE PREPARAR!

A partir de um simples rascunho, você consegue elaborar a sua lista de compras com os ingredientes necessários para executar o seu plano semanal, definindo a quantidade de acordo com o número de pessoas que se alimentam na sua casa. É claro que pode haver mudanças, como um dia de indisposição em que você não vai cozinhar, um dia em que sua família é convidada para um jantar ou quando você acorda sem fome e dispensa o café da manhã. Mas ainda terá bastante controle do que não foi preparado, reorganizando para outro momento.

Com o tempo, também vai adquirir a experiência de não deixar faltar alguns alimentos que funcionam como escape, que socorrem caso alguma coisa venha a falhar, como ovos, queijo e farinha de tapioca. Não precisa tê-los em grande quantidade, mas não fique sem, pois nada como uma omelete, uma crepioca ou tapioca com queijo para resolver uma refeição em menos de dois minutos.

Você vai amar encontrar a sua geladeira vazia quando chegar o fim da semana. Será o sinal de que você se alimentou daquilo com o que se comprometeu e de que cumpriu as suas metas.

LISTA DE COMPRA SAUDÁVEL

Agora você está pronta para a minha lista de compra saudável! Independentemente do que vou sugerir, você já sabe o princípio básico de como construí-la. Você se lembra da regra de ouro do *Guia alimentar para a população brasileira*? **Priorizar os alimentos naturais**. Sua compra, antes de tudo, deve respeitar essa regra. Então vamos lá:

VERDURAS E LEGUMES com baixo teor de carboidratos: alface, acelga, agrião, almeirão, rúcula, couve, espinafre, repolho, pepino, tomate, cebola, alho-poró, salsão, erva-doce, pimentão, brócolis, couve-flor, berinjela, abobrinha, cenoura, aspargos, quiabo, maxixe, jiló, vagem, ervilha, rabanete, abóbora paulista, palmito *in natura*, cogumelo, alcachofra.

Esses são os que você pode consumir em maior quantidade porque são pouco calóricos e muito nutritivos.

TUBÉRCULOS: mandioca, inhame, batatas (doce, inglesa, rosa e tantos outros tipos), beterraba, mandioquinha, abóbora cabotiã.

Importante: Acrescento a esse grupo a banana-da-terra. Apesar de ser fruta, deve ser considerada nesta categoria dentro de uma refeição devido ao elevado teor de carboidrato.

Esses são vegetais com amido, então você deve incluir na sua alimentação com moderação, pois são fonte de carboidratos e por isso são mais calóricos.

FRUTAS: amora, abacate ou avocado, acerola, abacaxi, banana, caju, coco, framboesa, figo, goiaba, graviola, jabuticaba, laranja, limão, maracujá, manga, mamão, melancia, maçã, morango, melão, mexerica, pera, pêssego, romã, tamarindo, uva, kiwi.

As frutas são riquezas da natureza, cheias de vitaminas, minerais e fibras, além de serem gostosas de comer, principalmente as mais doces. Porém, justamente por oferecerem frutose – que é o açúcar natural da fruta –, precisam ser consumidas com moderação. Algumas frutas, como limão, acerola, framboesa, morango, maracujá e kiwi têm menos açúcar e, consequentemente, menos calorias em relação a uma porção de manga ou banana, por exemplo.

Importante: Prefira comer a fruta a fazer sucos. Assim você ingere mais fibras e menos calorias, pois para fazer um suco geralmente se utilizam mais frutas do que seriam consumidas inteiras. Portanto, se estiver com sede, beba água; se estiver com fome, coma a fruta.

GORDURAS BOAS de fontes naturais: manteiga comum ou *ghee* (clarificada), azeite de oliva virgem ou extravirgem, óleo de coco, banha de porco artesanal (sem aditivos), manteiga de cacau, óleo de abacate, óleo de palma.

São boas gorduras, mas também não podemos exagerar. O consumo das gorduras deve obedecer ao critério de usar apenas o necessário para cozinhar ou finalizar algum preparo. Assim, você não se excederá no consumo.

PROTEÍNAS DE ORIGEM ANIMAL: ovos de galinha e de codorna, peixes, carnes bovina e suína, frango, queijos curados como parmesão, grana padano e serra da canastra, proteínas em pó (whey protein e colágeno hidrolisado).

PROTEÍNAS DE ORIGEM VEGETAL: feijões de todos os tipos, grão-de-bico, lentilha, tofu, *tempeh*, extratos proteicos de ervilha e arroz.

Os grãos, apesar de serem boas fontes de proteína vegetal, possuem mais carboidratos do que proteínas na sua estrutura (diferentemente de um ovo ou de uma carne, que oferecem de modo predominante as proteínas e têm gorduras, mas são livres de carboidratos).

Então, ao escolher **proteínas de origem vegetal**, é necessário equilibrar com os demais alimentos para não exceder a quantidade recomendada de carboidrato no seu prato.

Quanto às **proteínas de origem animal**, evite carnes processadas e embutidos como peito de peru, salame, calabresa, mortadela, presunto e salsicha, pois a maioria é produzida a partir das sobras de carnes e peles dos animais, partes inferiores e menos saborosas, o que demanda excesso de temperos e sal para tornar o produto agradável. A muitos embutidos, inclusive, são adicionados ingredientes artificiais para dar cor, sabor, textura e cheiro – de natural, não há nada, portanto evite-os.

E lembre-se do que combinamos no capítulo anterior: as proteínas saudáveis devem estar presentes em todas as refeições, pois são matéria-prima essencial para o corpo humano.

TEMPEROS E ESPECIARIAS: sal, pimenta-do-reino, pimenta-caiena, pimenta-da-jamaica, síria e calabresa; ervas desidratadas como manjericão, alecrim, tomilho, orégano, salsa; ervas frescas como salsinha, cebolinha, coentro, manjericão, hortelã, tomilho, alecrim, salsa e folha de louro; especiarias como páprica picante, doce e defumada; cúrcuma ou açafrão-da-terra, curry, noz-moscada, gengibre, cravo, canela, zaatar, coentro, louro, mostarda e raízes de gengibre; extrato de baunilha.

Essa lista é básica, tamanha a variedade de ervas e especiarias que temos à disposição. Use e abuse dos temperos naturais! São eles os responsáveis por tornar o simples saboroso. E alguns ingredientes, como mostarda de Dijon sem açúcar e vinagre de maçã, embora processados, são considerados saudáveis e funcionam muito bem como temperos também. Aqui em casa não faltam.

OLEAGINOSAS E SEMENTES: castanha-de-caju, amêndoa, noz, avelã, macadâmia, pistache, castanhas-do-pará, sementes de abóbora, chia, semente de girassol, linhaça dourada e marrom, gergelim.

São alimentos com alto teor nutricional. Podem ser usados como incrementos na alimentação saudável e devem ser consumidos com moderação. Exemplo: iogurte com frutas e uma colher de sopa de granola caseira, feita com castanhas e sementes; ou um prato caprichado de folhas e legumes com sementes de abóbora tostadas por cima.

Neste grupo também podemos acrescentar as pastas fabricadas a partir desses ingredientes, como é o caso do tahine, uma pasta feita do processamento do gergelim, muito utilizada para fazer molhos de saladas, engrossar caldos e dar cremosidade aos refogados. Pastas de amêndoas são usadas em sobremesas; e com avelãs é possível fazer a famosa pasta em casa de maneira saudável, processando-as com cacau e óleo de coco.

Podemos incluir aqui, ainda, as farinhas desses alimentos, que podem ser usadas nos preparos de bolos, tortas e cookies. O chocolate amargo, em cuja composição predomina o cacau, e não o açúcar, também é um bom alimento e pode fazer parte da alimentação saudável. Comece pelo chocolate com teor 70% cacau, depois aumente para um 80% e, quem sabe um dia, você aprecie – como eu – um pedaço de chocolate 100% cacau, enquanto toma uma xícara de café sem açúcar.

CEREAIS: arroz branco, integral e outros tipos; milho, aveia, amaranto, quinoa, trigo-sarraceno.

Assim como os tubérculos, os alimentos deste grupo podem fazer parte da alimentação saudável desde que consumidos com moderação, pois são fonte de carboidratos. Minha sugestão na hora de montar uma refeição equilibrada é escolher, depois da proteína, qual será a fonte de carboidrato do prato para que não ultrapasse a quantidade e exceda as calorias. Exemplo: um prato com 1 filé de frango, 1 porção de purê de batata, 1 porção de arroz, 1 porção de feijão (que também contém carboidrato) e 1 porção de salada de quinoa (que também contém carboidrato) será uma refeição que excedeu a quantidade necessária desse macronutriente. Portanto, escolha qual será a fonte de carboidrato na sua refeição e, se escolher mais que uma, procure equilibrar as quantidades.

LATICÍNIOS: manteiga, creme de leite fresco, queijos curados, iogurte natural, leite pasteurizado (aquele vendido na parte refrigerada do mercado).

Podem ser usados como incremento na alimentação saudável de quem não é intolerante. Escolha os laticínios com critérios: prefira os mais artesanais ou com o mínimo possível de ingredientes. Evite os laticínios industrializados com açúcares, amido, corantes e xaropes, os desnatados e os light e diet, que geralmente são carregados de adoçantes artificiais. Evite também os que possuem prazo de validade longo, vendidos em prateleiras sem refrigeração.

Leite é um alimento natural e estraga rápido. Se tiver prazo de validade longo e estiver fora do ambiente refrigerado, significa que passou por um processo de produção no qual perdeu a maioria das propriedades nutricionais e que foi acrescido de conservantes. Sendo assim, não vale a pena consumi-lo, tampouco seus derivados.

ADOÇANTES NATURAIS sem calorias: estévia, eritritol, taumatina, xilitol.

Esses são os mais indicados no momento. Digo "no momento" porque a ciência que estuda os alimentos e a indústria alimentícia estão cada vez mais ágeis na descoberta e oferta de novos ingredientes voltados para a alimentação saudável. Desse modo, pode ser que daqui a alguns anos sejam descobertas novas plantas ou alimentos dos quais se extraiam fibras capazes de adoçar de modo mais saudável.

Cada um desses adoçantes vem de uma fonte diferente e, por isso, possuem características distintas. Apesar de adoçarem, não agem da mesma maneira em todos os tipos de receita. Por exemplo: o **xilitol** é uma fibra extraída do milho, frutos, cogumelos e outros microrganismos. Tem um sabor mais refrescante e pode ser usado em preparos de bolos, bebidas e sobremesas em geral por ter um dulçor semelhante ao do açúcar comum; contudo, para adoçar o bastante, é preciso usá-lo em uma quantidade maior do que você usaria do açúcar. Quando consumido em excesso, pode ter um efeito laxativo e causar distensão abdominal.

O **eritritol**, que também adoça de modo similar ao açúcar, fermenta menos no intestino e, até o presente momento, tem sido o adoçante natural mais utilizado para preparos de sobremesas e bolos, pois não deixa sabor residual como acontece com a maioria dos adoçantes.

Estévia é o adoçante sem calorias mais indicado para quem não abre mão de adoçar o café preto ou o chazinho de todo dia. No entanto, não é indicado para adoçar bolos ou sobremesas, porque, dependendo da quantidade utilizada, deixa um sabor residual amargo. Algumas gotinhas no café podem parecer inofensivas, mas colheres de estévia em um bolo se tornam um desastre total.

A **taumatina** é uma fibra proteica 100% vegetal encontrada em uma fruta africana de mesmo nome, conhecida como "o fruto milagroso do Sudão". Sua capacidade de dulçor é surpreendente: cerca de 3 mil vezes superior à do açúcar. É uma excelente opção, mas ainda não a encontramos com facilidade e, por isso, o custo ainda é elevado para a maioria das pessoas.

AÇÚCARES com calorias: mel, melado de cana, calda de tâmaras, açúcar de coco, açúcar mascavo, açúcar demerara.

Mesmo que de fontes naturais, têm calorias e devem ser consumidos com moderação. Minha recomendação para o uso de açúcares e adoçantes é: **adoce apenas aquilo que necessita ser adoçado**.

Suco de fruta não precisa ser adoçado, pode ser apreciado pelo próprio sabor da fruta, que já é doce. O cafezinho também não, pois seu sabor natural é amargo e assim deveria ser apreciado, bem como os chás, que trazem seus aromas e sabores das ervas e raízes.

O ideal é aprendermos a gostar de todos os sabores que geralmente mascaramos com o açúcar: azedo, amargo, cítrico. Nem tudo precisa ser docinho o tempo todo. Não há necessidade alguma de leite condensado na salada de frutas, nem mesmo de doce de leite no pão ou de tomar um refrigerante quando está com sede. Sede se alivia apenas com água, entende? Diferentemente de uma torta de chocolate ou um bolo de cenoura, que efetivamente precisam ser adoçados, pois, do contrário, não serão uma sobremesa.

Essa lista de compras é apenas uma orientação. Você não precisa de todos esses itens para ter uma alimentação saudável, mas pode escolher e variar entre eles, principalmente ao levar em conta as variedades da estação. Opte pelo essencial para os seus preparos, considerando sua individualidade, suas preferências alimentares e a sua estrutura familiar.

Na hora de fazer suas escolhas, dentro do que for possível na sua realidade, estabeleça critérios. Procure dar atenção à origem dos alimentos, ao modo como foram preparados, cultivados ou como os animais foram criados. Tudo isso influencia na qualidade do que você vai ingerir.

Vale ressaltar: não se preocupe em estocar ingredientes para fazer receitas. Seu carrinho do supermercado, a partir de agora, precisa ter mais de 80% de ingredientes perecíveis. Quanto mais natural a comida é, mais rápido ela estraga. Você precisa realmente se adaptar a ter o essencial. Espere a necessidade surgir para só então comprar.

Por fim, na compra de produtos industrializados, não se encante pela embalagem. Aprenda a olhar os rótulos, pois é onde consta o que você realmente vai ingerir.

LEITURA DE RÓTULOS

O valor energético é a primeira informação que vem na tabela nutricional, mas não é por isso que é a mais importante. É necessário analisar o valor nutricional do alimento, e não somente as calorias. É preciso conferir quanto de carboidratos (incluindo açúcar), fibras, proteínas e gorduras contém o produto que você pretende ingerir. Assim, poderá decidir se quer consumir aquele alimento com teor maior de gordura ou carboidrato, se deseja consumir um alimento mais proteico ou que, no seu todo, seja mais equilibrado.

Outra orientação importante é não se prender às informações em destaque nas embalagens. Zero açúcar ou zero lactose, vegano, sem glúten, rico em fibras, diet, light, rico em vitaminas e minerais, saudável etc. são palavras-chave convidativas usadas pelo marketing do mundo saudável, que é o universo em que queremos adentrar. Mas o que determina se um alimento, de fato, é saudável são aquelas letrinhas minúsculas, quase ilegíveis, no verso da embalagem, na **lista dos ingredientes**.

Apesar de ser importante ler a tabela nutricional, as informações mais importantes em um rótulo estão na lista dos ingredientes. É ela que diz do que foi feito aquele produto com quantidade X de carboidrato e Y de proteína. Afinal, a sua alimentação não se reduz a proteína, carboidrato e gordura. Você não diz para o seu marido: "Estou indo ao mercado comprar uns macronutrientes". Você diz: "Vou comprar batata, vagem e carne moída". Da mesma maneira, ler a lista de ingredientes de um produto é essencial para saber o que comerá.

Nessa lista, há um detalhe muito importante: **o primeiro alimento descrito é aquele que está presente em maior quantidade** no produto; e a lista segue essa ordem decrescente. Então, se você compra um "biscoito de aveia" cujo primeiro ingrediente da lista é "farinha de trigo integral" e, na sequência, está "farelo de aveia", significa que aquele biscoito não é de aveia, mas um biscoito de farinha de trigo com aveia. Essa conscientização permite decidir se vale ou não a pena comprar o produto em questão, com base no que você deseja consumir.

Nomenclaturas mais técnicas também podem aparecer nessa lista, mas calma! São apenas nomes científicos para algumas coisas.

Por exemplo: o ácido ascórbico é a vitamina C; e a lecitina é encontrada no ovo. No entanto, para você não se perder ou achar que precisa decorar todos esses termos, a grande dica é: **quanto mais ingredientes na lista, mais processado** é o produto, ou seja, ele passou por mais etapas de produção e foi acrescido de mais conservantes. Então não precisa gastar o seu tempo precioso tentando saber o que significa cada nome estranho.

Pense: **comida tem nomes familiares**. Quando está escrito no rótulo "tomates orgânicos", você reconhece o que é tomate. Em contrapartida, se algum ingrediente não tiver nome de comida, por exemplo, "glutamato monossódico", você precisa no mínimo suspeitar, porque esse produto tem tudo para ter um aditivo alimentar. Não quer dizer que um produto não possa ter aditivos, pois em muitos produtos são necessários um ou outro para a conservação. Mas lembre-se: quanto mais aditivos químicos, menos natural é o produto. E o seu objetivo com as próximas compras do supermercado é ter uma alimentação o mais natural possível.

Identificar um aditivo alimentar no rótulo é muito simples: tudo o que não faz parte dos ingredientes básicos do produto é aditivo. Exemplo: um biscoito leva farinha, ovos, óleo, fermento, sal e água – esses são os seus ingredientes básicos. Todo o restante será aditivo químico.

Por fim, para ajudar, listo a seguir **aditivos e ingredientes que você deve evitar**:

- **Aditivos alimentares:** Corantes (ex: dióxido de titânio), conservantes (ex: benzoato de sódio), estabilizantes e emulsificantes (ex: polissorbato 80, carboximetilcelulose), aromatizantes, edulcorantes (ex: aspartame e sucralose), antioxidantes sintéticos, intensificador de sabor (ex: glutamato monossódico);

- **Fontes de gordura trans:** Gordura hidrogenada ou gordura parcialmente hidrogenada, gordura vegetal hidrogenada, gordura vegetal parcialmente hidrogenada, gordura parcialmente hidrogenada e/ou interesterificada, gordura de soja parcialmente hidrogenada, gordura hidrogenada de soja, óleo vegetal parcialmente hidrogenado, óleo vegetal hidrogenado, óleo de milho hidrogenado, óleo vegetal de algodão, soja e palma hidrogenados, óleo vegetal líquido e hidrogenado, mistura láctea para bebidas (o terceiro ingrediente é a gordura vegetal);

- **Adoçantes artificiais:** Aspartame, acessulfame k, sacarina, sucralose, ciclamato de sódio.

Mas lembre-se: não precisa se prender a tentar decorar todos eles. Memorize os princípios:

1. Comida tem nomes familiares;
2. Quanto mais ingredientes, mais processado e provavelmente menos saudável;
3. O primeiro ingrediente da lista é o que predomina no produto.

ARMAZENAMENTO E HIGIENIZAÇÃO DOS ALIMENTOS

Guardar os alimentos da forma correta facilita o ato de cozinhar. Você sabe exatamente onde estão os ingredientes e isso faz com que ganhe tempo e evite o desperdício de alimentos que seriam jogados no lixo, estragados antes do vencimento devido a um armazenamento incorreto.

Ao chegar do supermercado com as compras, você já sabe que cada item tem o seu devido lugar, e assim fica mais fácil manter a organização e conservação adequada dos alimentos. Arroz, feijão, grão-de-bico e aveia, por exemplo, podem ser guardados em potes transparentes para que você veja o conteúdo. Na ausência dos transparentes, os potes podem ser etiquetados com o nome dos produtos, o que ajuda a evitar, por exemplo, que você precise abrir e fechar vários recipientes toda vez que quiser tomar um café.

Caso compre algum ingrediente que já tenha no armário, coloque o antigo na frente do que acabou de trazer do mercado para, na hora de consumir, usar o mais antigo primeiro, evitando desperdiçar aquele com a data de validade mais próxima.

Quanto aos vegetais e frutas, os que se conservam por mais tempo podem ficar fora da geladeira, e os mais perecíveis ficam dentro. Alimentos como limão, laranja, batata, cebola, alho, mandioca, banana, mamão, abacate, pera, ameixa, goiaba e maracujá, por exemplo, resistem bem ao calor e podem ser armazenados em cestas ou fruteiras na bancada da cozinha. Outros, como abobrinha, cenoura, brócolis, couve-flor, repolho, quiabo, acelga, espinafre e folhas em geral, assim como as frutas mais maduras, se conservam melhor e por mais tempo dentro da geladeira.

Eu aprendi tudo isso na prática, observando aqueles que estragavam rápido fora da geladeira e aqueles que duravam mais. Você não precisa passar por isso, pois já estou adiantando essas dicas, mas também não precisa se prender a ela. Basta observar no mercado quais são os alimentos que ficam nas partes refrigeradas e quais são os que ficam expostos sem refrigeração. Em casa, pode seguir a mesma lógica.

Na hora de guardar na geladeira, é importante que o vegetal ou fruta não estejam descobertos, ou seja, sem a proteção de uma sacola, potinho ou toalhinha, porque a temperatura da geladeira doméstica é mais fria que a temperatura das partes refrigeradas do mercado. Mesmo em temperatura mais amena, a maioria das verduras fica embalada no mercado, então, quando chegar em casa e tirar das embalagens, não guarde na sua geladeira sem uma outra proteção, pois o frio vai danificar os alimentos. Nós costumamos dizer que as folhas "queimam" quando estão sem a devida proteção, assim como os vegetais murcham e enrugam.

Costumo deixar as folhas já lavadas e secas, guardadas em potes tampados. Os vegetais ficam nas gavetas cobertos com uma toalhinha. Deixo as frutas dentro das gavetas e, quando corto um mamão, por exemplo, transfiro para um pote com tampa, porque, se ficar junto com as outras frutas depois de aberto, ele estragará mais rápido.

Para a higienização dos vegetais, lavar bem lavado em água corrente já resolve. Mas, se você quiser, pode deixá-los de molho em água com vinagre de maçã, bicarbonato de sódio ou hipoclorito de sódio, uma solução vendida no mercado geralmente encontrada na própria seção de verduras. A quantidade da solução varia conforme o volume de água que você usar para o remolho. Deixe por alguns minutos, então descarte a água e enxágue bem os alimentos. Mas atenção! Se você optar por lavar os vegetais antecipadamente, seque-os bem antes de guardá-los na geladeira, pois a umidade compromete a durabilidade.

Se você comprar vegetais que venham com terra, convém lavar antes de guardar, até porque você não quer ficar com terra dentro da geladeira, não é mesmo? No entanto, se os vegetais vierem do mercado visualmente limpos, guardá-los na geladeira fechados em saquinhos e deixar para lavá-los apenas na hora de consumir pode ajudar a conservá-los por mais tempo por evitar o contato com a umidade.

O mais importante na hora de guardar os alimentos na geladeira é que tudo esteja em um recipiente fechado, inclusive os ovos. Eles podem ser guardados dentro ou fora da geladeira, a depender da temperatura da sua cozinha e de quanto tempo ficarão expostos, mas, se decidir que devem ficar refrigerados, use um recipiente tampado. Não se esqueça por onde saíram os ovos da galinha.

Tampar os alimentos dentro da geladeira, inclusive, evita contaminações de um alimento para outro, a famosa contaminação cruzada. Seja em um saquinho plástico, um pote de vidro ou um paninho, tudo precisa estar fechado. A sua geladeira precisa refletir organização e higiene. Portanto, não deixe os alimentos descobertos e guardados de qualquer jeito. Não quero encontrar na sua geladeira uma panela com arroz sem tampa, por exemplo. Na verdade, não quero encontrar uma panela na sua geladeira. Lugar de panela é no armário ou no fogão. Se sobrar arroz, guarde em um pote com tampa.

Em suma, para garantir uma boa organização e a melhor conservação dos alimentos na sua cozinha, eu sugiro guardar legumes e frutas na gaveta inferior; folhas ou comidas prontas na parte central; queijos, iogurtes e alimentos mais resistentes na parte superior; e manteiga, azeitonas e ovos na porta. Tudo devidamente higienizado e tampado.

CONGELAMENTO DOS ALIMENTOS

O congelamento é uma excelente técnica de conservação dos alimentos, pois retarda o processo de deterioração. Os microrganismos necessitam da água no estado líquido para se desenvolver, então, congelados, sua proliferação não acontece. Embora não se proliferem em temperaturas muito baixas, a maioria desses microrganismos permanece viva durante o congelamento, por isso é importante cuidar da manipulação desde o preparo até o momento de colocar no freezer para evitar contaminações.

Congelamos principalmente para evitar o desperdício, visto que, congelados, os alimentos se conservam por muito mais tempo.

Mas, além disso, congelar nos oferece praticidade e agilidade, pois temos a opção de preparar antecipadamente as refeições e descongelar apenas as porções que formos consumir no dia a dia; e ainda estocar alguns ingredientes sazonais para termos "fora de época", como a couve-flor, por exemplo.

O tempo que os alimentos podem ficar congelados varia de acordo com a estrutura, propriedades, embalagens e temperatura à qual foram submetidos. Para o uso doméstico, a Agência Nacional de Vigilância Sanitária (Anvisa) orienta que uma comida pronta, por exemplo, pode ser congelada por três meses.

Geralmente, alimentos *in natura* sem manipulação ou processamento se conservam congelados por mais tempo do que aqueles que passaram por alguma manipulação maior. Uma peça de carne se conserva por mais tempo do que um preparo de ensopado com carne, pois no ensopado houve a manipulação da carne, suas características foram alteradas no cozimento e o preparo contou com a junção de vários outros ingredientes.

É preciso observar, ainda, se o alimento manteve suas características enquanto estava congelado, se permaneceu adequado para o consumo sem perder a qualidade visual e sensorial. Um alimento que aparenta estar deteriorado, com uma coloração diferente, com um cheiro que você não reconhece, independentemente do tempo de congelamento, é inapropriado. Antes de qualquer norma, vale o bom senso.

As principais orientações para o congelamento de uso doméstico são:

- **Evite sobrecarregar o seu congelador.** Organize-o de uma forma que permita a circulação de ar entre os alimentos, ocupando ¾ da capacidade do seu freezer, no máximo. Isso manterá a temperatura adequada e contribuirá para a conservação dos alimentos, além de facilitar a visualização e o acesso a eles;
- **Evite congelar as folhas.** Folhas de alface, rúcula, agrião, espinafre e afins são muito sensíveis para serem congeladas. Congele apenas quando for utilizá-las no preparo de sucos;
- **Branqueie os vegetais antes de congelá-los.** Para congelar vegetais como vagem, abobrinha, brócolis, couve-flor,

couve, repolho, cenoura e afins, para a melhor conservação e aproveitamento, eles devem passar pela técnica de branqueamento, que consiste em escaldar o vegetal em água fervente por cerca de 30 segundos e, em seguida, resfriá-lo numa bacia com água e gelo. Antes de congelar, retire todo o excesso de água para evitar que se formem cristais de gelo que comprometem a qualidade dos vegetais;

· **Use recipientes e embalagens adequados para congelar os alimentos.** O ideal para o congelamento é o armazenamento a vácuo, que é a forma de evitar que o alimento entre em contato com o ar frio e seco do congelador. Se isso não for possível, funciona bem usar sacos com fechamento hermético, livres de Bisfenol A (BPA). De todo modo, retire o máximo de ar antes de fechar cada embalagem. Recipientes de vidro também são boas opções, sobretudo para a comida pronta. A recomendação é não preencher completamente o espaço com comida para evitar que o vidro quebre com a expansão do volume que acontece após o congelamento; mas também não pode sobrar muito espaço para formação de cristais de gelo. Procure adequar o tamanho dos recipientes à quantidade de alimentos. Para facilitar, prefira potes herméticos de vidro que resistam a forno e fogão. Você pode checar essa informação na embalagem;

· **Embalagens de papel pardo** são boas opções para o congelamento de castanhas, sementes e até de farinhas de oleaginosas;

· **Evite o "recongelamento".** Porcione os alimentos que congelará de acordo com o número de pessoas da sua casa para que sejam consumidos na primeira vez que forem descongelados. "Recongelar" não é indicado por conta do risco de proliferação de bactérias. Não que seja proibido, mas é melhor evitar;

· **Alguns alimentos perdem sua textura depois de congelados.** Frutas, legumes e tubérculos geralmente sofrem alterações na textura quando descongelados. Alimentos que contêm bastante água na estrutura formam cristais de gelo e, descongelados, perdem boa parte das características originais. Um purê de couve-flor descongelado, por exemplo, é mais "aguado" do que um que não foi congelado. Não significa que estragou, mas perdeu um pouco da sua textura original, o que é normal. Preparos crocantes também perdem bastante da textura após o descongelamento;

· **Descongele na geladeira.** Para descongelar carnes, frango e peixe que serão preparados, o ideal é retirar do congelador e deixar na geladeira em um recipiente tampado até voltarem ao seu estado natural. Assim, diminui-se o risco de proliferação de bactérias e ao mesmo tempo se preservam o aspecto e a textura originais;

· **Vegetais e pratos prontos** podem ser descongelados direto no fogo, forno ou micro-ondas. Aqui vale uma atenção com relação ao forno: caso você retire do congelador um refratário de vidro que precise assar, coloque-o no forno ainda frio e só então acenda a chama. Assim, o forno aquecerá gradativamente o recipiente que estava muito gelado e o choque térmico que poderia quebrar o refratário dentro do forno é evitado;

· **Identifique seus itens congelados.** Se você prepara muita comida para congelar e armazena muitos ingredientes, sugiro a identificação em etiquetas com os nomes dos alimentos, data de congelamento e validade.

MUFFINS DE FRANGO COM BATATA-DOCE
O EXERCÍCIO QUE A RECEITA ENSINA

A tarefa de hoje é você passar um pente-fino na sua cozinha, preparar o ambiente que vai mudar a sua vida. Você já tem em mãos a lista dos principais utensílios e ingredientes que devem fazer parte da sua rotina saudável, agora só precisa partir para a ação, subindo um degrau de cada vez. Faça o que for possível dentro da sua realidade, lembrando-se de que as orientações estão aí para ajudar, e não para impor o que você deve fazer. O melhor dentro das suas possibilidades é o suficiente.

Para dar um exemplo, vou contar como realizo essa mesma tarefa na minha casa. Para não sobrecarregar o meu fim de semana com atividades na cozinha, eu gosto de dividir o trabalho da seguinte forma:

No sábado pela manhã faço as compras e guardo tudo adequada e organizadamente na geladeira e no armário. Assim, ainda me sobra um bom tempo do sábado para fazer outras coisas.

No domingo gosto de lavar as folhas, as frutas e os legumes que vou consumir primeiro; tirar alguns alimentos (como chia, castanhas, sementes, arroz e feijão) das embalagens e colocar em potes. Depois, faço pré-preparos que vão me ajudar durante a semana, como o molho de tomate e o tempero completo natural – que inclusive você já aprendeu e pode fazer também.

Assim, você estará totalmente preparada para vestir o seu avental e começar a preparar as receitas deliciosas do cardápio completo que vou ensinar no próximo capítulo.

Eu não só perdi peso como também mudei a alimentação da família toda. Você me ensinou que o simples não é só barato, mas também é gostoso, sacia e faz bem. A criatividade dos pratos faz a gente sentir vontade de comer saudável. Aquele bolinho de frango com batata-doce entrou no lugar da coxinha (risos) e, além de ser mais gostoso, é saudável. Faço em grande quantidade e congelo. Não ficamos sem aqui em casa. Obrigada imensamente por nos ajudar!

APRENDA E APLIQUE

O melhor jeito de aprender é colocando em prática. Com a receita a seguir, você terá a oportunidade de fazer a lista de compras, observar os ingredientes no supermercado, higienizá-los e armazená-los de maneira correta na sua casa, utilizar produtos predominantemente naturais para preparar uma refeição na sua cozinha – que tenho certeza estará muito agradável de trabalhar agora que está mais organizada. E, depois de tudo, ainda poderá congelar o preparo para consumir nos próximos dias.

MUFFINS DE FRANGO COM BATATA-DOCE

PREPARO DO FRANGO

ingredientes:

- 2 xícaras de chá de frango cozido e desfiado
- ½ cebola picada
- 3 dentes de alho picados
- 2 colheres de sopa de azeite
- ¼ de colher de chá de cúrcuma
- ½ colher de chá de sal
- Pimenta-do-reino a gosto

modo de preparo:

1. Em uma frigideira, refogue no azeite a cebola, o alho e a cúrcuma.
2. Adicione o frango cozido e desfiado e tempere com sal e pimenta-do-reino. Reserve.

PREPARO DO CREME DE BATATA-DOCE

ingredientes:

- 250 g de batata-doce crua e sem casca
- ½ cebola
- 1 dente de alho
- 2 colheres de sopa de azeite
- 3 ovos pequenos
- 1 colher de chá de sal

modo de preparo:

1. Cozinhe no vapor a batata-doce com a cebola e o alho até ficarem macios.
2. Espere esfriar e bata tudo no liquidificador com o azeite, os ovos e o sal.

HORA DE SE PREPARAR!

PREPARO DA MASSA

ingredientes:

- ¼ de xícara de chá de farinha de aveia
- 1 punhado de cebolinha picada
- 1 punhado de salsinha picada
- 1 colher de chá de fermento químico para bolo
- ½ colher de chá de sal rosa
- 1 colher de sopa de sementes de gergelim para a finalização

Viu como comer de modo saudável pode ser prático e saboroso?! Aponte a câmera do seu celular para o QR Code abaixo e vem fazer comigo essa receita maravilhosa.

modo de preparo:

1. Preaqueça o forno a 180°C. Em uma tigela, adicione o frango temperado, o creme de batata, a farinha de aveia, o fermento, as ervas frescas, uma pitada de sal e pimenta-do-reino a gosto e misture tudo. A massa fica com uma textura rústica e firme.
2. Distribua em forminhas para muffins devidamente untadas ou em fôrmas de papel.
3. Coloque gergelim por cima e asse por 25 minutos ou até ficarem levemente dourados. Retire da fôrma para esfriar.

CAPÍTULO 6

Hora de agir!

Em muitos livros de gastronomia, a hora de agir é caracterizada pelo passo a passo de técnicas de cortes, seus nomes e formatos, pela descrição do ponto certo de cozimento das proteínas e vegetais, pela diferença de um salteado para um assado ou grelhado, o que é fritura rasa ou por imersão, como preparar um *mise en place*, as principais técnicas da confeitaria e panificação, o ponto do ovo perfeito e inúmeras outras explicações sobre a maneira correta de realizar determinado preparo.

Veja: essas especificidades que envolvem o universo da gastronomia podem ser aprendidas, se você quiser, mas não é um conhecimento essencial para se alimentar de maneira mais saudável. Imagina se toda mãe ou avó precisasse fazer uma faculdade de gastronomia para preparar a comida de seus filhos e netos. E olha que não há comida melhor do que "a da vó", geralmente porque elas dominam a melhor técnica de todas na cozinha: o amor.

Eu atingi o meu sucesso profissional na culinária saudável sem saber o que era um corte *Julienne* ou *Chifonada*. Hoje sei por pura curiosidade de aprender, e não por necessidade. Depois que aprendi os princípios da culinária saudável, na prática bastou saber diferenciar coisas como cubos grandes e cubos pequenos; cebola picada ou em fatias finas; cenouras em palitos ou em rodelas. E, acredite, isso basta.

É importante compreender que, antes de qualquer técnica, a cozinha depende do uso do bom senso – esse é o primeiro pré-requisito para cozinhar bem. É o bom senso que permite olhar de maneira mais crítica para as verdadeiras necessidades. Exemplo: se você deseja cozinhar em menos tempo uma abobrinha, será melhor cortá-la em cubos grandes ou pequenos? Pequenos, para o calor atingir mais rápido toda a estrutura de cada pedaço. Se deseja assar vegetais no forno, vai cortá-los em cubos médios ou fazer um picadinho com eles? Em cubos médios, pois um picadinho de legumes derreteria no forno. É assim que usamos o bom senso, decidindo o formato do corte de acordo com o que vamos preparar no tempo que temos.

Imagine a cena de um almoço de família. Sua cunhada se oferece para ajudar na cozinha e você diz: "Corta o repolho em *Chifonada*, por favor". Ela não vai entender e ainda vai achar que você está tirando sarro dela. Mas, se você mencionar que deseja fazer uma salada vinagrete e que precisa do repolho em fatias bem fininhas, vai ficar claro como ela pode ajudar.

Muito mais do que técnica, a arte de cozinhar depende de uma habilidade básica: decidir o que vai preparar e qual o modo de preparo mais adequado, de acordo com o tempo que você tem disponível. Dominada essa habilidade, nos momentos em que você quiser usar da sua criatividade e de um tempo maior, pode criar combinações e temperos, testar receitas novas de chefs renomados e, de preferência, as minhas receitas.

Sobre o ponto certo de cozimento de cada ingrediente, também não gostaria que você se prendesse a isso como se fosse algo para decorar. Enquanto cozinhamos, observamos o que acontece com cada alimento que manipulamos. Ao sentirmos o cheiro e experimentarmos, usamos os sentidos para detectar se a comida está boa ou não.

É claro que, em alguns preparos, é necessário ter precisão nas proporções para não errar, principalmente pães, bolos e confeitaria em geral. Mas entenda que, quando desejar fazer um pavê de chocolate, basta seguir a receita e não necessariamente aprender toda a arte da confeitaria – a não ser que você queira ou por curiosidade, como mencionei.

O que acredito ser mais eficiente para o momento de agir na cozinha saudável é ser guiada pelas receitas da comida com a qual você deseja se alimentar – no caso, as que apresentarei aqui, pois você quer se alimentar de maneira saudável e saborosa. Minhas receitas vão direcionar você no que diz respeito ao que e como fazer. Por meio delas, você vai aprender a cortar, picar, fatiar, combinar temperos, dosar as quantidades, refogar, assar, grelhar e verificar o ponto certo de cada prato usando de todos os seus sentidos e do bom senso. E tudo vai dar certo.

A melhor parte é que as receitas que selecionei se conversam e podem ser adaptadas. A frittata de abobrinha, por exemplo, pode ser preparada com outro vegetal, como a abóbora ou a cenoura.

As orientações que acompanham a receita dos legumes assados podem ser aplicadas no assado de outros vegetais. Preparando as receitas, você começa a perceber que as especiarias são temperos utilizados sempre em menor quantidade que o sal, bem como vai aprender o tipo de tempero que combina melhor com o frango, com a carne bovina, com o peixe ou com os legumes.

Com essa referência bem estabelecida, você começa a adquirir mais confiança e autonomia para se aventurar em novas combinações. Em pouco tempo, nem fará esforço para se lembrar de que cominho, louro, noz-moscada, canela e tomilho combinam muito com carnes, e que ervas desidratadas como orégano, manjericão, tomilho e alecrim vão bem com frango e legumes assados no forno, enquanto as ervas frescas como salsinha, cebolinha, manjericão e coentro deixam deliciosos os caldos, ensopados e refogados, aos quais trazem frescor.

Essa percepção, somada à organização funcional do ambiente da cozinha, com os utensílios e ingredientes que sugeri no capítulo anterior, constituem o básico necessário para **cozinhar bem** a sua comida saudável. Já o básico necessário para **comer bem** é usar tudo isso para preparar a sua comida saudável e montar o seu prato de modo equilibrado, em todas as refeições que fizer.

COMO CONSTRUIR REFEIÇÕES SAUDÁVEIS

É importante que as refeições tenham uma estrutura formada pelos macronutrientes essenciais para o desenvolvimento e bom funcionamento do organismo: proteínas, carboidratos, gorduras, fibras e, claro, as vitaminas e os minerais contidos nos alimentos de cada um desses grupos que apresentei no capítulo anterior. Sempre que achar necessário relembrar, volte ao Capítulo 5 para consultar as informações ali contidas. É fundamental que você não fique com dúvidas.

Fazer uma refeição bem estruturada significa montar um prato que tenha como ponto de partida a escolha da **proteína** – que pode ser de origem animal, vegetal ou ambas –, e que ela ocupe cerca de 25% do espaço. Depois de definir a fonte proteica, escolhemos o **carboidrato** que vai acompanhá-la e ocupamos mais 25% do espaço com ele.

Nos outros 50% de espaço no prato, distribuímos de maneira abundante as fontes de **fibras**, que são as verduras e os legumes, ricos também em **vitaminas e minerais**. As **gorduras** entram moderadamente no preparo dos alimentos: o azeite que refoga o alho para fazer o arroz ou que tempera a salada, a manteiga que unta a frigideira ou até mesmo a gordura presente nos alimentos como ovos, abacate, carnes e castanhas. Veja como é simples:

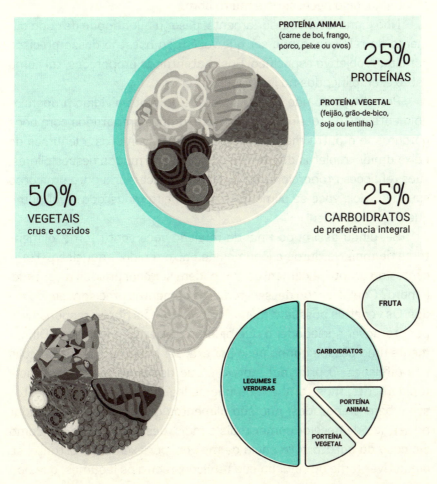

O feijão e outras leguminosas, apesar de conterem carboidrato em sua estrutura, entram na porção dedicada à proteína, dividindo o espaço com uma fonte proteica de origem animal. Se você optar por uma refeição vegetariana, pode completar os 25% correspondentes à proteína no seu prato com mais alimentos proteicos de origem vegetal.

A porção de carboidrato também pode ser dividida. Digamos que, após consulta com nutricionista, tenha sido definido que 100 g de carboidrato atendem suas demandas nutricionais. Você tem a liberdade de escolher, então, consumir 100 g de arroz ou de batata ou qualquer outro tubérculo. Pode até mesmo dividir essa quantidade entre arroz e mandioca, por exemplo, desde que respeitada a quantidade ideal para o seu corpo e fazendo um esforço para variar a alimentação, algo necessário e muito bom.

Não é preciso, necessariamente, pesar a quantidade de cada alimento da refeição, a não ser que você faça questão dessa precisão por algum objetivo específico. Basta atentar às proporções, tal como estão exemplificadas na ilustração anterior.

Percebe como não é difícil? Metade do prato dividido proporcionalmente entre proteína e carboidrato, ambos preparados com boas gorduras; e a outra metade preenchida com verduras e legumes de baixo amido, repletos de fibras e vitaminas. Firmadas nesses pilares, suas refeições proporcionarão a estrutura necessária para um corpo saudável, pois você se alimentará de maneira moderada e variada – que é o cenário ideal.

Se, ainda assim, ao final da refeição você sentir fome, alimente-se de mais verduras e legumes de baixo amido – aqueles pertencentes ao grupo de alimentos que podem ser consumidos à vontade, lembra? Com exceção desses, todos os alimentos precisam ser dosados. Os vegetais possuem menos calorias e mais fibras, responsáveis por promover saciedade, o que ajuda a comer sem exagerar. Dificilmente uma pessoa ganha peso por exceder a quantidade de brócolis nas refeições. O principal motivo é que as fibras satisfazem mais rapidamente, mas também porque os legumes, mesmo que gostosos e bem preparados, não são alimentos que provocam o paladar no sentido de desejar comer mais e mais, desenfreadamente, como é o caso da batata frita cheia de molhos, por exemplo. Portanto, se ainda tiver fome ao final da sua refeição, repita os legumes, que não tem erro.

É comum que eu ouça a queixa "Dani, eu não bebo refrigerante, tirei o açúcar, estou comendo mais verduras, mas não consigo emagrecer". Veja, a chave do emagrecimento não está apenas em cortar determinado alimento ou comer mais de outro. O principal motivo dessa dificuldade em emagrecer é a falta de estrutura das principais refeições. O prato dessas mulheres provavelmente não obedece ao princípio básico de **25% de proteína, 25% de carboidrato e 50% de verduras e legumes, todos preparados com uma quantidade moderada de gorduras boas**.

Ao contrário desse equilíbrio, o que eu mais observo é uma predominância de carboidratos, pouca proteína vegetal e excesso de incrementos, como queijos, azeitonas, creme de leite, castanhas etc. Algumas vezes, as proteínas nem sequer estão presentes no prato. Infelizmente, é um nutriente muito negligenciado, o que é um erro gravíssimo.

Não são raros os casos em que essas mulheres, acreditando estarem fazendo uma refeição saudável, se alimentam de uma farta salada de folhas e legumes como entrada e, no prato principal, uma massa fresca "gluten free" com molho branco. Ainda dizem, orgulhosas: "Hoje fiz uma refeição bem equilibrada, comi bastante salada e legumes, uma porção de carboidrato sem glúten e nem comi carne", como se abrir mão da carne fosse uma grande vantagem, quando, na verdade, o que elas fizeram foi eliminar da refeição um nutriente essencial, um dos pilares da estrutura de um corpo saudável, que nesse caso não foi sequer substituído.

Percebo que nesse tipo de refeições falsamente leves, embora tenhamos muitos ingredientes bastante saudáveis, os carboidratos são sempre os primeiros a serem escolhidos e as proteínas as primeiras a serem deixadas de lado. Entende, agora, por que elas se queixam da dificuldade em ter resultados no emagrecimento mesmo comendo alimentos saudáveis?

Veja outro exemplo comum de alimentação com ingredientes saudáveis, porém sem estrutura:

- Café da manhã: Fruta com granola de castanhas e suco verde (carboidrato e gordura). Cadê a proteína?
- Almoço: Lasanha de berinjela com queijo (legumes e gordura). Cadê a proteína?
- Lanche: Tapioca recheada com queijo (carboidrato e gordura). Cadê a proteína?
- Jantar: Sopa de legumes e batata (legumes, carboidrato e gordura). Cadê a proteína?

Ou ainda:

- Café da manhã: Omelete com queijo (proteína e gordura). Cadê o carboidrato?
- Almoço: Panquecas com farinha de aveia + frango desfiado (carboidrato e proteína). Cadê os vegetais?
- Lanche: Maçã verde (carboidrato). Cadê todo o resto?
- Jantar: Espaguete sem glúten "ao alho e óleo" (com azeite) e salada. Cadê a proteína?

Fica fácil enxergar a falta de equilíbrio, não é mesmo? Os ingredientes são todos saudáveis, mas o cardápio está desequilibrado, faltam macronutrientes importantes. Fiz questão de dar ênfase às proteínas, porque raramente alguém esquece de comer o carboidrato; e venho ressaltando desde o início deste livro a importância de você, mulher, se lembrar das proteínas em todas as suas refeições.

É claro que nem sempre conseguimos fazer todas as refeições da maneira ideal. Mas, nas principais refeições do dia, você precisa ter uma atenção especial na hora de compor o prato. Tudo bem se o lanche da tarde for apenas uma fruta, assim como não há problema em, de vez em quando, comer um prato de massa em um dia que as suas prioridades são outras, como apreciar o jantar com a família, por exemplo. Mas negligenciar a proteína no café da manhã, almoço e jantar – e fazer isso com frequência – sem dúvida vai comprometer a sua saúde.

É necessário que, na maior parte do seu tempo, você esteja focada em se alimentar não para atender aos seus prazeres, e sim para suprir as necessidades do seu corpo considerando a estrutura das principais refeições. E lembre-se: "de vez em quando" é aquilo que não tem data e hora pré-agendadas para acontecer. "Todo sábado" não é de vez em quando, é regularmente – algo deixa de ser exceção e se torna regra.

Outro ponto importante a considerar na estrutura das suas refeições é a variedade de nutrientes que você oferece ao seu organismo. Considerando que atente a sempre ingerir todos os macronutrientes nas suas principais refeições, atente também a variar essas fontes. Se na porção de legumes consumir só brócolis, que é um alimento muito nutritivo, você se fartará das vitaminas C, A, E, ferro, magnésio e cálcio; contudo, ainda faltarão outras tantas coisas, como as vitaminas B1, B2, B5, potássio, sódio, fósforo, zinco e manganês, que poderiam ser assimilados com uma simples porção de beterraba. Entende?

Para garantir essa diversidade você não precisa decorar as propriedades nutricionais de cada alimento, basta variar os ingredientes para, automaticamente, diversificar nutrientes. E, se por acaso você quiser se aprofundar em saber de quais vitaminas e minerais o seu corpo está mais carente no momento, pode pedir ao seu médico que solicite um exame específico para detectar esses valores. A partir da orientação dele, você poderá dar atenção especial a determinado grupo de alimentos se necessário.

Mas a boa notícia é que, quando você adquire o simples hábito de estruturar as suas refeições, já percebe melhoras significativas na saúde, no peso, no aspecto da pele, no brilho do cabelo e na disposição, pois passa a fornecer ao seu corpo tudo o que ele precisa para trabalhar e se reajustar. Então, para ajudar a tornar um hábito a composição de um prato saudável e equilibrado sempre que for se alimentar, vou mostrar alguns exemplos de refeições bem estruturadas e equilibradas para vários momentos do dia. Inspire-se!

Exemplo 1:
- Café da manhã: 1 copo de suco verde + 1 fatia de pão integral sem glúten + 2 ovos mexidos;
- Almoço: Salada de folhas à vontade + brócolis assados no forno + arroz integral com lentilhas + picadinho de carne com molho de tomate;
- Lanche: Batida de abacate e proteína em pó;
- Jantar: Sopa com abóbora, carne moída e espinafre.

Exemplo 2:
- Café da manhã: 1 porção de frutas + 1 copo de iogurte natural + 1 porção de granola de castanhas e sementes;
- Almoço: Salada de folhas + quibe de carne com quinoa e batata + couve-flor assada;
- Lanche: Suco verde + ovos mexidos;
- Jantar: Pizza com massa de aveia e couve-flor, molho de tomate, frango desfiado e queijo ralado.

Esses são só exemplos. Mas uma pessoa que consegue se alimentar com tamanha oferta nutricional, além de se tornar mais saudável, não abre brechas para episódios de compulsão alimentar, por exemplo. A origem de um comportamento alimentar desequilibrado pode ser emocional, mas, na maioria dos casos, é o corpo implorando por nutrientes todas as vezes que a pessoa abre a geladeira para "comer uma coisinha". Uma pessoa que cuida em se alimentar de uma variedade de nutrientes em refeições bem estruturadas dificilmente terá um apetite desequilibrado, pois o corpo se sentirá plenamente satisfeito e acabará a necessidade de episódios alimentares desregrados.

Uma refeição desequilibrada ou outra inevitavelmente vai acontecer. Um dia você vai a uma festa de aniversário ou àquele café da tarde na casa dos seus pais, ocasiões em que estará à mesa para curtir o momento, e não para pensar sobre questões nutricionais. Ainda assim, terá sempre a escolha de não "enfiar o pé na jaca" ou "comer como se não houvesse amanhã". Mesmo em eventos especiais, se alimentar pode ser um ato de celebração e comunhão, e não de exagero.

Sair da rotina de vez em quando contribui para a saúde mental e isso é fundamental para se manter firme no processo de construção de hábitos saudáveis. Quando essa alimentação desregrada acontecer por conta de eventos, viagens ou quaisquer situações que interfiram na sua nova rotina alimentar, apenas se lembre do princípio "Caiu? Levanta!" que falamos lá no Capítulo 4 e volte a caminhar na direção dos seus objetivos com confiança.

As interferências acontecem, mas o sucesso está no ordinário, naquilo que você faz todos os dias. Portanto, quando for se alimentar no dia a dia, não deixe de se perguntar:

- Qual fonte de **proteína** ocupará **25% ou ¼** do meu prato nesta refeição?
- Qual **carboidrato** combinará melhor com esta proteína para ocupar mais **25% ou ¼** do espaço no meu prato?
- Quais **gorduras** vou utilizar para preparar esses alimentos?
- Com quais **verduras e legumes** vou preencher a outra metade do prato para me saciar de nutrientes essenciais?

Na prática, funciona assim: digamos que, para o lanche da tarde, você vai utilizar a proteína em pó (o famoso whey protein). Ela será diluída em líquido e pode ser combinada com uma fonte de carboidrato para tornar mais nutritiva a sua bebida. Como a maioria das proteínas em pó tem sabores doces como chocolate, morango, baunilha, cookies etc., elas combinam bem com frutas. Então, você pode lanchar um shake feito com whey protein batido com o leite da sua preferência, banana e mamão, por exemplo.

Quando escolher como proteína do almoço sobrecoxas de frango, pode combiná-las com batatas e inclusive assá-las juntas no forno. Como acompanhamentos, dariam supercerto arroz integral, feijão, cenoura e abobrinha salteadas na manteiga com alho, e salada de rúcula com molho de mostarda e mel. A pele crocante da sobrecoxa assada entraria nesse prato como uma excelente fonte de gordura, especialmente se o frango for orgânico.

Agora imagine uma refeição construída a partir da escolha de uma proteína bovina. Fraldinha assada no forno convencional, temperada apenas com sal grosso. Acompanhada de mandioca cozida com manteiga, sal e cúrcuma, até ficar amarelinha, suculenta e saborosa; uma salada vinagrete feita com tomate, pimentões vermelho e amarelo, cebola roxa, salsinha, sal, limão, azeite e uma pitada de pimenta; e uma salada de alface crocante. É uma refeição balanceada e deliciosa, com cara de churrasco de domingo, que pode ser perfeitamente implementada em qualquer dia da semana sem peso na consciência.

No caso de uma refeição com proteína de origem vegetal, vamos pensar em um quibe preparado com trigo-sarraceno ou quinoa e combinado com abóbora e espinafre. Para acompanhar, uma salada de folhas variadas com molho à base de tahine e, por cima, uma granola de sementes de girassol, gergelim e castanhas, temperada com pápricas doce e defumada, alho e cebola em pó, sal e pimenta. Fica demais!

Veja quantas opções deliciosas com ingredientes e preparos simples. Não é difícil. Só é preciso planejar com carinho em cada uma das suas refeições. Aquele prato de arroz com feijão, bife de carne grelhado e salada de alface com tomate é uma delícia, mas não é recomendado para todos os dias se você busca um corpo saudável em longo prazo.

Existe uma grande oferta de alimentos oferecida pela natureza e precisamos explorá-la. No entanto, é impossível explorar todas as possibilidades de nutrientes em um único dia de refeição, por isso, além de equilibrar as proporções hoje, é necessário considerar a variedade em períodos maiores, como a semana e o mês.

COMO ELABORAR UM
CARDÁPIO SEMANAL

Você já aprendeu que um cardápio semanal serve como guia para uma ida ao supermercado saudável, funcional e econômica. Agora, vai perceber como esse planejamento ajuda, também, a economizar o tempo de tomar a decisão sobre o que cozinhar, reduzindo aquele estresse de pensar *o que vou preparar no jantar?*, além de garantir a variedade nutricional que tanto quero enfatizar.

Sugiro um cardápio semanal – e não mais longo do que isso – porque é muito mais fácil planejar o que comerá em uma semana do que em um mês. Supondo que, neste exato momento, você pegue um papel em branco e uma caneta e decida fazer um planejamento das suas próximas refeições, tente pensar em trinta pratos de almoço. Não sei quanto a você, mas por aqui pensar em planejar trinta refeições para a família de uma só vez me bate um desespero e o pensamento começa a travar no terceiro prato.

Veja, não é impossível fazer um cardápio para trinta dias; é bem possível na verdade. Mas é muito mais fácil sentar e fazer um cardápio para sete dias. Em menos de dez minutos você consegue definir o que vai alimentar você e sua família durante a próxima semana. No fim de semana seguinte, você para mais dez minutos e faz isso de novo. É mais simples. Reduz a lista de compras, o carrinho do supermercado e o tempo gasto para comprar, organizar e preparar os alimentos.

Quando bem elaborado, um cardápio semanal contribui muito para que você se mantenha firme nos novos hábitos que deseja praticar. Com ele em mãos, você não precisará se alimentar da coisa mais fácil que encontrar na geladeira quando estiver sem ideia do que cozinhar, nem se privar de comer alimentos saborosos e nutricionalmente importantes em todas as refeições. Assim, evitará enjoar da comida, algo que acontece com tantas pessoas que tentam se alimentar de maneira saudável e não conseguem. Elas simplesmente enjoaram da mesma comida.

Na hora de elaborar o cardápio, algumas informações são essenciais:

- Este cardápio atenderá a quem? A você apenas? O casal? Filhos? Outros adultos? Quantas pessoas?
- Quais são as preferências alimentares de cada um? Todos comem de tudo? Alguém tem algum tipo de restrição alimentar?
- A comida será preparada todos os dias? Ou será feita em maior quantidade, armazenada na geladeira ou no freezer e apenas aquecida para as refeições?

Eu sei que quando usamos a expressão "preferências alimentares de cada um", parece uma sugestão de cozinhar um prato diferente para cada membro da família. Parece difícil, mas não é. Lembre-se: somos todos seres da mesma espécie e a base do que precisamos ingerir para sermos saudáveis é a mesma. O que pode variar são pequenos detalhes, ajustes que qualquer um tira de letra.

Como você sabe, fui agraciada por Deus com dois filhos. Por um deles ser onívoro (come de tudo) e o outro vegetariano (não come proteína animal), desde a introdução alimentar dos bebês precisei fazer adequações no cardápio semanal da minha casa, considerando as particularidades de cada um. E não foi difícil, veja: arroz e feijão, ambos comem. Vegetais, ambos comem. Proteína animal, todos na casa comem, exceto o Gustavo. Por causa dessa particularidade, aumentei no cardápio a variedade e a frequência de leguminosas como grão-de-bico, lentilha e tofu para reforçar a alimentação dele; mas todos nós também comemos esses alimentos.

Na hora de escolher os vegetais para preparar, procuro lembrar os favoritos dos meninos, do meu esposo, os meus, e vou distribuindo ao longo da semana. Assim, agrado o paladar de todos sem que ninguém deixe de apreciar também aquele que pode não ser o seu preferido, mas que é nutricionalmente importante.

Considerando, portanto, o contexto do seu lar, o cardápio semanal da sua casa pode ser montado do jeito que se encaixar melhor na sua rotina. Você pode fazê-lo em uma planilha no computador, no bloco de notas do celular, em um caderno ou numa folha solta do primeiro papel que encontrar na sua frente, como eu já fiz tantas vezes.

Observe este exemplo:

REFEIÇÃO	SEGUNDA	TERÇA	QUARTA
CAFÉ DA MANHÃ	• Pão integral sem glúten; • Ovos mexidos; • Porção de frutas.	• Crepioca; • Porção de frutas.	• Ovos mexidos; • Guacamole; • Pão integral sem glúten.
ALMOÇO	• **Sobrecoxa de frango assada;** • Arroz de couve-flor e brócolis; • Bolinhos de quinoa; • Salada de folhas.	• **Peito de frango** com leite de coco e abóbora; • Arroz branco; • Vagens na manteiga; • Salada de folhas.	• **Fraldinha** assada; • Mandioca cozida na manteiga; • Vinagrete de tomate com pimentões; • Salada de folhas.
LANCHE	• Vitamina de frutas batida com proteína em pó.	• Pão integral sem glúten com ovos mexidos.	• Iogurte com salada de frutas e granola caseira.
JANTAR	• Sopa de legumes com **carne moída.**	• **Peixe** grelhado; • Purê de mandioquinha e cenoura; • Brócolis na manteiga.	• **Peito de frango** ao curry; • Creme de couve-flor e abóbora com espinafre.

QUINTA	SEXTA	SÁBADO	DOMINGO
• Pudim de chia; • Porção de frutas; • Granola com aveia, castanhas e sementes; • Suco verde.	• Pão de frigideira; • Fatias de abacate; • Ovos mexidos.	• Iogurte natural; • Porção de frutas; • Granola com aveia, castanhas e sementes; • Suco verde.	• Pão de queijo com mandioquinha; • Omelete à francesa; • Suco verde.
• **Filé de peixe** grelhado; • Guacamole com tomate; • Batata assada; • Abobrinha salteada; • Salada de folhas.	• Quibe de abóbora com **quinoa**, recheado com espinafre e ricota; • Salada de folhas com vagens em cubos e granola salgada.	• Refogado de **carne** em cubos com cebola; • Arroz branco; • Feijão; • Salada de tomate e pepino cortado em rodelas finas; • Mix de legumes assados; • Salada de folhas.	• Que tal almoçar fora?
• Mingau de aveia com banana.	• Batida com frutas e proteína em pó.	• Bolo de cenoura caseiro com cobertura de chocolate.	• Que tal pular e esperar pelo jantar?
• Torta simples com recheio de **frango** e legumes.	• Frittata de legumes.	• Hambúrguer **de carne**; • Batata em palitos assadas no forno; • Maionese de abacate.	• Canja de **galinha**.

HORA DE AGIR!

A partir dessa organização, se tornará muito mais fácil visualizar os alimentos que serão preparados durante a semana e a lista de compras será otimizada. Depois de conferir o que há disponível em casa, você perceberá rapidamente quais são as proteínas, frutas, verduras e os legumes frescos de que precisará para as próximas refeições e comprará apenas os ingredientes que faltam, pois muitos deles não precisam ser comprados toda semana, como é o caso de azeite, manteiga, temperos e especiarias, farinha de tapioca, sementes, mostarda, vinagre, tahine, ovos, arroz, feijão, grão-de-bico – todos ingredientes que, dentro desse estilo de alimentação, alimentam uma família por mais de uma semana.

No cardápio e nas compras, você ainda pode considerar programações como "almoço fora com a família". Talvez na sua semana já exista um jantar em família programado e, nesse dia, vá dispensar o preparo do jantar em casa, por exemplo. O importante é que a quantidade de ingredientes comprados e de comida preparada atenda à necessidade específica da sua casa.

COMO COLOCAR O CARDÁPIO EM PRÁTICA?

Primeiramente, é preciso estar claro que o cardápio não é uma lei a ser cumprida. Ele serve como um guia, uma orientação sobre o que preparar para se alimentar e o que precisará comprar a partir dessa decisão. Nada impede, contudo, que, depois de definir o cardápio e comprar os ingredientes, você altere alguma coisa se preferir.

Se você planejou para a quinta-feira um quibe com abóbora, mas tudo o que mais deseja na terça é comer aquele quibe, é só trocar. Não há problema em preparar o almoço em maior quantidade a fim de que sobre para o jantar e você não precise cozinhar duas vezes ao dia. Está tudo bem jantar uma simples omelete naquele dia tão cansativo que você não tem mais forças para preparar uma refeição completa. Assim como criou o cardápio, você também pode alterá-lo.

Ao executar os preparos do cardápio, você pode optar por fazer a comida todos os dias, assim como pode prepará-la em um dia ou dois e deixar tudo pronto para o restante da semana. Inclusive, a realidade de cozinhar todos os dias e ter sempre uma "comida fresquinha" não é possível para a maioria das pessoas atualmente por conta da rotina de trabalho. Há quem cozinhe à noite o que será servido no almoço ou quem faz um almoço que será repetido no jantar. Outras pessoas cozinham no sábado ou domingo o que sustentará a família durante toda a semana – realidade na qual planejar o cardápio será ainda mais útil.

Essa prática de preparar antecipadamente as refeições só não é recomendável para alguns preparos de café da manhã e lanche da tarde, que são muito melhores quando consumidos frescos. Mas geralmente são pratos que costumam ser tão rápidos que não comprometem em nada a rotina e, por isso, priorizamos fazer na hora de comer, como ovos mexidos e shakes.

Quem tem pouco tempo para dedicar às refeições no dia a dia pode ainda repetir um preparo ou outro, usando o cardápio para definir de três a seis tipos de preparos principais que sejam feitos em maior quantidade e distribuídos entre almoço e jantar no decorrer da semana. A melhor forma de fazer isso é com as famosas marmitas. A mulher moderna, que trabalha fora, cuida dos filhos, estuda e sempre lida com um imprevisto ou outro, muitas vezes precisa recorrer a essa opção.

Na prática, a adaptação do cardápio para o preparo de marmitas pode ser feita como no exemplo a seguir.

Imagine que, depois de considerar a quantidade de pessoas que vão se alimentar na sua casa, as preferências alimentares de cada um e quais preparos vai fazer em quantidade maior para repetir durante a semana, você tenha definido os seguintes pratos:

1. Sopa de legumes com frango desfiado;
2. Ensopado de frango com leite de coco e abóbora;
3. Almôndegas de carne com molho vermelho;
4. Molho à bolonhesa com carne moída;
5. Espaguete de legumes com cenoura e abobrinha;
6. Arroz branco.

Isso é o que você vai cozinhar no tempo que separar para organizar a sua alimentação da semana. Então, a partir desses preparos, poderá montar marmitas com as seguintes combinações:

REFEIÇÃO	SEGUNDA	TERÇA	QUARTA
ALMOÇO	• Ensopado de frango com arroz branco.	• Almôndegas com molho vermelho e espaguete de legumes.	• Ensopado de frango com arroz branco.
JANTAR	• Espaguete de legumes com molho à bolonhesa.	• Omelete com tomate--cereja e espinafre.	• Sopa de legumes com frango desfiado.

Esse cardápio conta com uma variedade menor de ingredientes, mas que são preparados de maneiras diferentes para ter maior diversidade de sabor à mesa. Com a mesma proteína de frango foram feitos o **frango cremoso com leite de coco** e a **sopa de legumes com frango** – uma forma de comer a mesma proteína várias vezes, mas com sabores variados.

Com a carne moída, foram preparados um **molho à bolonhesa** e **almôndegas de carne** com combinações de temperos completamente diferentes. Cada prato tem um sabor único, assim, por mais que você se alimente várias vezes na semana com carne moída, não terá a sensação de estar comendo a mesma coisa.

O preparo das marmitas pode ser feito em um único dia ou em dois dias diferentes, como fazer a compra no sábado e cozinhar no domingo. Isso é útil para evitar que você empregue muitas horas de um único dia às suas marmitas. Deixar para comprar, descarregar as compras, desembalar e higienizar os alimentos, guardar, picar, cozinhar e lavar a louça, tudo no mesmo dia, pode causar exaustão física e mental.

Cozinhar é um trabalho, mas não precisa esgotar. Mesmo as coisas que gostamos de fazer, quando feitas de maneira exaustiva, se tornam repulsivas devido ao desgaste que o corpo e a mente se lembram de ter sentido na última vez que as executamos. É capaz até de você começar a sofrer por antecedência só de pensar *nossa, o dia de*

QUINTA	SEXTA	SÁBADO	DOMINGO
• Espaguete de legumes com molho à bolonhesa.	• Ensopado de frango com arroz branco.	• Almôndegas com molho vermelho e espaguete de legumes.	• Espaguete de legumes com molho à bolonhesa.
• Sopa de legumes com frango desfiado.	• Almôndegas com molho vermelho e espaguete de legumes.	• Sopa de legumes com frango desfiado.	• Frittata de legumes.

preparar as marmitas está chegando. Você não precisa passar por isso, é só se organizar para não se sobrecarregar.

Quem gasta de trinta a quarenta minutos todos os dias para cozinhar tem menos chances de se esgotar com essa atividade do que quem passa de três a quatro horas seguidas na cozinha – mesmo que seja um único dia da semana –, pois os trinta minutos dessa atividade não serão suficientes para esgotar o corpo e a mente. Por isso, sugiro que, se for possível, você divida as tarefas. Escolha o dia de fazer supermercado, descarregar o carro, desembalar, higienizar e guardar as coisas no seu devido lugar e… agora vem o pulo do gato: **adiantar o que eu chamo de pré-preparo**.

"Uai, Dani, você acabou de falar que não é pra cozinhar nesse dia." Sim, mulher, eu disse. Mas você bem sabe que, na cozinha saudável, não existe molho de tomate industrializado e caldo de legumes em cubinhos, então, se no cardápio da semana tiver alguma receita que utilize molho de tomate, é o nosso molho de tomate caseiro que vamos usar – aquele delicioso e nutritivo que você aprendeu no Capítulo 1, lembra? Se, desde quando aprendeu essa receita, você já adquiriu o hábito de tê-lo em porções aí no seu congelador, ótimo. Mas, quando necessário, antes de preparar um cardápio como o desse exemplo, você precisará deixar o molho de tomate nutritivo pronto para ser usado na bolonhesa e nas almôndegas.

Portanto, para dividir melhor o tempo, sugiro incluir no dia das compras, higienização e organização dos alimentos também o preparo de molhos e caldos, assim como deixar alguns vegetais já cortados e descascados, e algumas proteínas já temperadas – esses são os "pré-preparos" que, mais adiante, vou ensinar a executar.

No dia de cozinhar os pratos definidos no cardápio das marmitas, como dica para tornar a tarefa mais agradável, sugiro ter uma boa companhia do seu lado. Experimente convidar uma amiga para preparar as marmitas com você. Dividam as tarefas e as despesas: uma prepara a carne, a outra, o frango; uma pica os legumes, a outra lava a louça; e, enquanto isso, vocês conversam, escutam uma música e montam as marmitas juntas – um dia na sua casa, outro na dela. Curtir o momento em boa companhia vai estimular o seu processo de "marmitar".

A boa companhia também pode ser o marido, os filhos ou outras pessoas que vão se alimentar com você. Todos que se dispuserem podem ajudar. Esses acordos são saudáveis dentro de um lar, e a divisão das tarefas depende da ocupação de cada um, das habilidades e responsabilidades dos membros da família. Na minha casa, por exemplo, meu esposo me ajuda com as compras e a louça, e eu faço a comida. Toda ajuda é bem-vinda, mas tudo é acordado com diálogo, nada imposto.

Depois de ir para a cozinha e colocar a mão na massa, quando as marmitas estiverem todas prontas, você terá mais tempo para fazer outras coisas. O período que você usava para fazer a comida todos os dias poderá agora ser usado para cuidar mais de você. Se exercitar, arrumar seu cabelo, ler um livro, fazer um curso, ir à igreja, assistir a um filme e, principalmente, desfrutar da sua família.

Você não vai mais se sentir "de fora" por estar na cozinha. E, com tudo que você vem aprendendo neste livro, somado às minhas receitas – que transformarão a sua concepção de alimentação saudável –, as suas marmitas serão deliciosas.

Adeus à comida repetitiva e sem graça!

Oi, Dani! Tenho uma filha de 4 anos. Ela sempre comeu uma boa variedade de legumes e verduras, porém, nos últimos tempos, vem se tornando muito seletiva. Está difícil fazê-la comer alimentos mais saudáveis e hoje resolvi fazer a sopa de legumes. Menina! Ela comeu e

repetiu. Estou feliz demais! Fiz com batata-inglesa, ce-
noura, chuchu, abobrinha e carne moída. Usei cúrcuma
e páprica, como aprendi com você, e estou começando
a usar esses temperos em outros preparos. Tem sido
uma experiência fantástica! Muito obrigada por tudo
que tem ensinado.

APRENDA E APLIQUE

Proponho que você coloque em prática o aprendizado deste capítulo desfrutando de um dia inteiro de alimentação saudável e equilibrada. Para tanto, vou ensinar quatro receitas, uma para cada refeição: café da manhã, almoço, lanche e jantar. Você sentirá – no paladar e no corpo – quão maravilhoso é cozinhar e comer bem.

CAFÉ DA MANHÃ

CREPIOCA COM
CROSTA DE QUEIJO

ingredientes:

- 2 ovos
- 1 colher de sopa de farinha para tapioca
- 1 punhado de queijo parmesão ralado
- 1 pitada de sal
- Fio de azeite
- Pimenta-do-reino a gosto

modo de preparo:

1. Em uma tigela, coloque os ovos, a farinha de tapioca e o sal e bata bem com um garfo.
2. Aqueça uma frigideira pequena em temperatura média, unte com azeite e espalhe o queijo ralado por todo o fundo da panela, até cobri-lo.
3. Assim que o queijo derreter, despeje a massa da crepioca e tampe a panela.
4. Deixe cozinhar até formar uma crosta de queijo dourada e feche a crepioca.

> **SUGESTÃO:**
> *Sirva com tomates-cereja temperados com sal, azeite e pimenta-do-reino.*

VOCÊ MAIS SAUDÁVEL

ALMOÇO

PEIXE ASSADO COM CROSTA

ACOMPANHADO DE PURÊ, VINAGRETE E OS MELHORES BRÓCOLIS DO MUNDO

MARINADA DO PEIXE

ingredientes:

- 4 filés de tilápia ou outro peixe da sua preferência
- Sumo de ½ limão
- Sal e pimenta-do-reino a gosto

modo de preparo:

Esprema o limão sobre os filés e tempere com sal e pimenta-do-reino. Reserve por 30 minutos.

FAROFA PARA A CROSTA

ingredientes:

- 3 colheres de sopa de farelo de amaranto
- 2 colheres de sopa de farinha de linhaça dourada
- 3 colheres de sopa de farinha de oleaginosas
- 1 punhado de amêndoas laminadas
- ½ colher de chá de sal
- ¼ de colher de chá de páprica defumada
- ¼ de colher de chá de cúrcuma
- ½ colher de chá de cebola em pó
- ½ colher de chá de alho em pó
- ¼ de colher de chá de gengibre em pó
- 2 colheres de sopa de cebolinha picada fina
- 3 colheres de sopa de azeite
- Pimenta-do-reino a gosto

modo de preparo:

Coloque todos os ingredientes em um refratário e misture bem.

montagem:

1. Preaqueça o forno a 180°C, unte uma fôrma com azeite ou forre com papel antiaderente.
2. Espalhe os filés sobre a fôrma, cubra cada um com uma colher de sopa da farofa, pressionando para formar uma crosta. Regue com um pouco mais de azeite por cima.
3. Asse por 20 ou 25 minutos, ou até o peixe ficar cozido e a crosta, levemente dourada.

HORA DE AGIR!

PURÊ

ingredientes:

4 batatas-inglesas peque-
nas cortadas em cubos

1 inhame grande cortado em
cubos

1 colher de sopa de sal para a água de cozimento dos
tubérculos

½ colher de chá de sal para
temperar o purê

½ xícara de chá de leite de
amêndoas ou outro leite da
sua preferência

1 colher de sopa de manteiga

modo de preparo:

1. Cozinhe as batatas e o inhame em água
com sal até ficarem macios ao espetar
o garfo.

2. Escorra toda a água, volte os tubérculos
para a panela e amasse bem com um
garfo até obter a textura de purê.

3. Acrescente o leite e a manteiga, misture e reserve.

VINAGRETE

ingredientes:

2 tomates picados em cubos
pequenos e sem o miolo

½ cebola picada fina

¼ de pimentão vermelho picado pequeno

2 colheres de sopa de cebolinha ou salsinha fresca

Sumo de ½ limão

1 colher de sopa de vinagre
de maçã

1 pitada de sal

Pimenta-do-reino a gosto

modo de preparo:

Misture todos os ingredientes em uma
tigela, prove e ajuste os temperos conforme o seu paladar.

OS MELHORES BRÓCOLIS DO MUNDO

ingredientes:

1 ramo de brócolis (apenas os floretes)

1 colher de sopa de manteiga

1 colher de sopa de azeite

1 dente de alho fatiado

1 pitada de sal

modo de preparo:

1. Aqueça uma panela em fogo médio, adicione a manteiga e refogue o alho.

2. Acrescente os floretes de brócolis com os talos voltados para baixo, tempere com uma pitada de sal, regue com um fio de azeite e tampe a panela para cozinhar.

> **DICA:**
>
> *Adicione pingos de água aos poucos para ajudar no cozimento. A ideia é grelhar os brócolis para que, no final, eles estejam com aquele douradinho que amamos. O ponto dos brócolis é "al dente".*

LANCHE

MINGAU DE AVEIA COM BANANA

ingredientes:

1 xícara de chá de bebida vegetal de amêndoa, aveia, castanhas ou coco

2 colheres de sopa de aveia em flocos

1 banana-nanica madura, cortada em rodelas

½ colher de chá de cacau em pó

¼ de colher de chá de canela em pó para finalizar (opcional)

modo de preparo:

Em uma panela pequena, acrescente todos os ingredientes – exceto a canela – e leve ao fogo para aquecer. Deixe ferver, misturando sem parar, até a banana derreter parcialmente e o mingau engrossar. Desligue o fogo. Sirva em uma tigela e polvilhe canela por cima.

HORA DE AGIR!

JANTAR

SOPA DELICIOSA
DE LEGUMES
COM CARNE MOÍDA

CARNE MOÍDA

ingredientes:

½ kg de carne moída da sua preferência (geralmente uso patinho)

1 colher de chá de sal

½ colher de chá de cominho em pó

2 tomates picados em cubos pequenos e sem o miolo

½ cebola picada fina

3 colheres de sopa de cebolinha picada

3 colheres de sopa de azeite

Pimenta-do-reino a gosto

modo de preparo:

1. Com a carne devidamente descongelada, tempere com sal e reserve por 30 minutos em temperatura ambiente.

2. Aqueça uma panela em temperatura média, coloque o azeite e o cominho. Coloque a carne somente quando a panela estiver devidamente aquecida. Deixe a carne dourar até ficar sequinha.

3. Acrescente a cebola e refogue por 1 minuto.

4. Coloque os tomates picados, a cebolinha e ajuste o sal, se necessário. Refogue por mais 2 minutos.

5. Desligue o fogo, retire a carne moída da panela e reserve.

VOCÊ MAIS SAUDÁVEL

CALDO

ingredientes:

- 2 colheres de sopa de azeite
- 1 folha de louro fresca
- 1 talo pequeno de salsão
- 3 dentes de alho socados
- ½ cebola picada fina
- ¼ de pimentão vermelho picado
- 1 abobrinha pequena cortada em cubos
- 1 inhame cortado em cubos
- 3 batatas-inglesas cortadas em cubos
- 1 cenoura média cortada em cubos
- 1 ½ litro de água
- 1 colher de chá de sal
- ½ colher de chá de páprica defumada
- ¼ de colher de chá de páprica picante
- ¼ de colher de chá de cúrcuma
- 1 colher de chá de manteiga (para finalizar)

modo de preparo:

1. Na mesma panela da carne – sem lavar, o sabor está aí! –, refogue no azeite a cebola com a folha de louro até murchar levemente, mas não precisa dourar. Coloque o alho e refogue mais 1 minuto.

2. Em seguida, acrescente o pimentão, as pápricas e a cúrcuma e misture até amolecer um pouco.

3. Acrescente a água, os legumes picados, o salsão e o sal. Deixe a tampa semiaberta e cozinhe por aproximadamente 20 minutos ou até os legumes ficarem macios.

4. Desligue o fogo, retire o talo de salsão e a folha de louro e bata a sopa no liquidificador aos poucos para não forçar o equipamento.

5. Devolva a sopa batida para a panela, acrescente a manteiga e misture bem.

6. Coloque a carne moída no caldo e ajuste o sal, se necessário.

7. Finalize com um pouco de cebolinha picada e pimenta-do-reino a gosto.

> **ATENÇÃO:**
> *Caso o copo do seu liquidificador não seja resistente a líquidos quentes, espere esfriar um pouco antes de bater.*

HORA DE AGIR!

CAPÍTULO 7

Saúde é felicidade!

Uma das coisas que mais alegram o meu dia é receber uma mensagem de aluna ou seguidora das redes sociais relatando uma transformação na vida por meio da alimentação saudável. Muitas vezes essas mensagens vêm acompanhadas de fotos ou vídeos com os membros da família – filhos, esposo, pais – comendo melhor e sentindo-se mais felizes com os benefícios que estão colhendo. São os mais diversos cenários e, em todos eles, percebo que os meus ensinamentos são adaptados de acordo com a realidade de vida que cada uma apresenta, mas a essência não é perdida. Noto que o aprendizado foi colocado em prática e a transformação aconteceu.

Quando recebo uma foto com a mesa posta, observo muito mais que a execução de uma receita. Imagino aquela mulher que acordou mais cedo que todos na casa e foi, ainda de pijama, preparar um bolo para assar enquanto ela tomava banho e se vestia para o trabalho, depois de arrumar a mesa com o restante das coisas que já deixou adiantadas na noite anterior.

Vejo a felicidade em cada membro – uma família mais sadia, disposta e com energia para lidar com os desafios da vida, podendo contar com uma mente e um corpo mais preparados para qualquer situação. E sinto com eles a alegria de me sentar à mesa com alimentos saudáveis, frescos e gostosos, como um bolo quentinho que acabou de sair do forno.

Também enxergo o autocuidado da mulher que pôs a mesa com tanta dedicação. Talvez ela não tenha recebido em casa um elogio sequer por ter preparado essa refeição especial – isso acontece e é normal, apesar de não ser a melhor coisa do mundo –, mas tenho certeza de que, independentemente do reconhecimento, ela deve estar sentindo a paz de saber que está ofertando o melhor que pode para si e para os seus porque entendeu que, na caridade, quem mais ganha é quem a pratica, e que grandes são as graças de quem pratica o amor.

O amor e o capricho são nítidos em muitos relatos que recebo. Como eu gostaria de poder brindar com cada uma delas a saúde e felicidade que sentem, e confraternizar em volta de uma mesa cheia de vida por conta de uma comida de verdade!

Essa alegria, felicidade e saúde eu desejo também a você, minha leitora. Torço para que, assim como essas mulheres, você reconstrua o seu conceito de belo e saboroso na cozinha e se permita criar memórias diferentes e desenvolver uma nova relação com a comida. Espero que possa conhecer, por sua própria experiência, a transformação que a prática dos aprendizados oferecidos neste livro pode causar.

A mudança de hábitos alimentares é realmente a porta de entrada para uma nova vida, como a Elaine está aqui para contar:

Dani, eu lutei com a balança por muitos anos, mas tudo mudou quando conheci o seu trabalho. Eu era aquela pessoa que tentava seguir todas as dietas da moda, dietas restritivas que eu mesma inventava e que até me davam um resultado momentâneo, mas que sempre vinha acompanhado de algum problema de saúde, como anemia, queda de cabelo e até mesmo o aumento da flacidez.

Quando eu comecei a colocar em prática os seus ensinamentos, mesmo você apenas ensinando a cozinhar sem focar em emagrecimento ou falando sobre dietas, acho que virou uma chave na minha cabeça, porque enxerguei o quanto a minha comida saudável era mal preparada e nada saborosa.

Era por isso que a minha dieta não ia "pra frente", porque eu não suportava comer por muito tempo minha própria comida. Mas eu não me via como culpada do processo, eu culpava a comida saudável. Rotulava que "comida saudável não era gostosa".

Quando aprendi que legumes podiam ser assados e fiz aquele seu molho de tomate que deixa tudo mais gostoso, até o ovo do café da manhã ficou melhor. Vi que o problema não eram os alimentos saudáveis, e sim a forma como eu os preparava.

Agora, eu sinto vontade de comer a minha comida e não me sinto "fazendo dieta". E o melhor: sabe

quantos quilos eu perdi? Quinze quilos, sem sofrimento nenhum!
Eu não sabia que só precisava aprender a cozinhar. E, com as suas orientações e receitas, eu aprendi".

A Elaine precisou aprender todas as coisas que você está aprendendo neste livro. Passou pelo entendimento sobre o que é saudável e o que não é, venceu o medo de cozinhar, transformou o ambiente da cozinha e colocou a mão na massa com animação. A decisão dela mudou não só a própria vida como também a de toda a família.

Hoje, ela colhe os frutos. Assim como eu, minha mãe, a Maria Célia, a Sandra... E como, com certeza, você também pode colher, porque essa mesma transformação de vida está agora nas suas mãos.

O que você tem a ganhar com a prática das minhas receitas é surpreendente. Como a Elaine bem pontuou, o que eu ensino não constitui uma dieta nem tem foco no déficit calórico que leva ao emagrecimento. É simplesmente uma comida saudável e saborosa. Só que, ao ganhar mais saúde comendo bem, automaticamente acontece uma melhora no peso para quem está com excesso, como consequência dos novos hábitos que ajudam o organismo a se regular e funcionar melhor.

A alimentação saudável pode libertar você do sofrimento constante de sentir o corpo sempre fadigado. Você passa a fazer tudo com mais leveza, autonomia, agilidade e bem-estar, já que não só livra seu corpo de um peso extra como também passa a dar mais energia e disposição para os afazeres do dia a dia. E sentir-se disposta a fazer o que precisa ser feito proporciona uma felicidade sem medida.

Quando pensamos em benefícios para o corpo, vale ressaltar ainda um detalhe que às vezes fica esquecido: o cérebro também faz parte do corpo. Com uma alimentação saudável, você perceberá melhoras na sua capacidade cognitiva, pois um cérebro menos inflamado e recebe os nutrientes essenciais raciocina melhor, faz conexões com mais velocidade, toma melhores decisões e enxerga a vida sob uma perspectiva nova.

Enquanto todas essas transformações vão acontecendo, você vai ganhando mais segurança e autoconfiança. A autoestima melhora e, consequentemente, você vai aprimorando o seu posicionamento no ambiente onde vive, aflorando um lado da sua personalidade que pode estar escondido. Você abandona a vergonha de se levantar em um auditório repleto de pessoas, por exemplo, de estender a mão e dizer que gostaria de falar a sua opinião ou de circular em qualquer lugar, pois finalmente se reconhece e se orgulha de quem você é agora que não carrega mais nada além de si mesma.

A transformação que experimenta dia após dia é uma expressão da sua força, resiliência, disciplina e determinação. Uma pessoa que transforma a saúde, o corpo, os hábitos e o estilo de vida certamente é alguém que precisou desenvolver muitas virtudes para superar seus desafios. Desse modo, a alimentação saudável, além de deixar você mais leve, atenta e confiante, deixa corpo e mente mais fortes. E fortalecer a mente enquanto transforma o corpo é extremamente importante, porque é assim que você vai vencer o que for preciso para manter o que conquistou e evoluir no que precisar, mesmo quando for difícil – e às vezes vai ser.

Por mais que a vida moderna apresente várias maneiras de semear em nós a ideia de que "nascemos para sermos felizes custe o que custar", preciso alertar que esse tipo de discurso poder fragilizar a identidade da mulher. Muitas paralisam diante do medo de viver o desconforto que demanda a construção de uma mulher comprometida com o que é certo e que faz bem, independentemente do que isso possa custar.

A construção do que é certo nunca esteve equiparada ao conforto. Para ter um banheiro cheiroso, por exemplo, precisamos lavá-lo; para usar uma roupa limpa, cheirosa e que fique bem no corpo, precisamos lavar e passar. Da mesma maneira podemos entender que não há como construir um corpo com mais músculos sem passar pelo desconforto do exercício físico ou ser uma mulher culta e inteligente sem a disciplina do aprendizado. Também não há como ter um corpo mais saudável sem o trabalho de cozinhar ou pelo menos repassar a ideia do comer saudável para quem cozinha para você. Mesmo que opte por comprar uma comida pronta e verdadeiramente saudável, terá de se empenhar para obter o recurso financeiro para arcar com essa refeição. E isso é certo e faz bem. Sofrimento seria não ter a oportunidade de viver todas essas coisas com autonomia.

Todas nós um dia podemos sentir algum tipo de dor, perder um ente querido, enfrentar uma doença, ser demitida do trabalho ou presenciar um desastre da natureza. Somos vulneráveis, estamos sujeitas a problemas que estão fora do nosso controle, por isso, com aquilo sobre o que temos o poder de decisão – a nossa alimentação e da nossa família –, precisamos ser sábias e comprometidas, pois o corpo que habitamos é a ferramenta com a qual enfrentamos todos os desafios da vida. Então é melhor que ele esteja bem cuidado para podermos contar com o seu pleno funcionamento.

Mulher, você foi gerada com perfeição, mas só vai perceber o seu corpo funcionando com plenitude quando se dedicar plenamente ao seu cuidado. Imagine-se alcançando a sua melhor versão – física, mental e até espiritual. Saiba que essa é a mulher que você merece se tornar. Tudo que venho ensinando nestes capítulos é um incentivo para o seu desenvolvimento por acreditar que você merece conhecer o seu corpo na sua forma mais plena.

Claro que tudo dentro das nossas particularidades, pois cada corpo conta uma história e vive uma realidade. Alguns carregam dores e cicatrizes, outros traumas e necessidades especiais. Mas cada um, na sua individualidade, tem o máximo potencial a ser desenvolvido e não há por que deixar de conhecê-lo. Esse máximo potencial do seu corpo precisa ser explorado porque você merece conhecer e desfrutar do que ele pode proporcionar.

E você questionar "ah, Dani, eu conheço pessoas que são inteligentíssimas, dispostas e se alimentam muito mal". Fico feliz por elas serem incríveis! Mas pode ter certeza de que, se elas se alimentassem bem, poderiam ser muito mais.

Conheço pessoas que depois de mudarem seus hábitos alimentares não só melhoraram a saúde como também descobriram talentos que estavam escondidos, ressignificaram acontecimentos da própria história, até mudaram de profissão, tudo porque os novos hábitos transformaram a maneira de enxergar a vida. Foi o que aconteceu com a Jéssica, uma mulher cheia de qualidades: inteligente, organizada, competente e responsável. Trabalhava como contadora e era tão tímida que evitava de todas as maneiras conversar com alguém por conta da vergonha que sentia – uma timidez tão grande que ela nem conseguia explicar, e que chegava a limitar os seus relacionamentos pessoais e profissionais.

A Jéssica lutava contra o excesso de peso havia alguns anos e, depois da transformação dos seus hábitos alimentares, à medida que melhorou a saúde, disposição e aparência, também começou a se libertar da timidez.

Certa vez ela comentou comigo que o descontentamento que sentia em relação ao seu corpo se generalizava para uma insatisfação a respeito de quem ela era, o que gerava a vontade de se esconder. No entanto, conforme foi percebendo seu corpo melhorar com os novos hábitos alimentares, foi se sentindo mais encorajada a "sair das sombras e aparecer", pois sentia orgulho do que tinha para mostrar. E o que ela tinha para mostrar não era um peso X ou um manequim Y, mas a transformação que refletia a sua superação.

Nesse processo de se conhecer em uma nova versão da qual conseguisse se orgulhar, Jéssica passou também a perceber e valorizar suas qualidades e a enxergar outras possibilidades de explorá-las. Com essa nova percepção de si, veio a mudança profissional. O trabalho no qual ela ficava escondida atrás do computador evitando as pessoas não fazia mais sentido; ela queria usar suas habilidades em uma atividade que representasse melhor a nova fase que estava vivendo.

Hoje, ela trabalha como *personal organizer* e ensina as pessoas a organizar suas casas de uma forma bonita e funcional. A mulher que fazia de tudo para não sair de casa nem falar com ninguém hoje adentra diariamente a intimidade de diversas famílias e se comunica livremente com elas.

Ela se dedicou à alimentação saudável para mudar o número que via na balança, os resultados dos exames e a imagem no espelho, mas o que encontrou foi muito além disso.

Essa história não é só um exemplo de reviravolta profissional. Quero mostrar que também é possível encontrar a mulher maravilhosa que está dentro de você e se apaixonar pela sua melhor versão. Quero convidar a experimentar isto hoje: escolha uma roupa com a qual se sinta bonita, arrume a mesa com as suas melhores louças, coloque uma música agradável e relaxante e prepare a próxima receita que vou ensinar.

ESCONDIDINHO DE LENTILHAS COM ABÓBORA E COUVE-FLOR
A HISTÓRIA QUE A RECEITA CONTA

Geralmente, as pessoas me pedem versões saudáveis de receitas clássicas ou tradicionais. O escondidinho é uma delas. Como sou fã de quebra de padrões – principalmente quando o assunto é alimentação –, pensei muito em como faria uma versão de escondidinho saudável e, mesmo que diferente do tradicional, fosse tão gostoso quanto o original.

Primeiro, preciso dizer que a versão tradicional do escondidinho – feito com carne, coberto com uma boa camada de mandioca amassada e muito queijo – não chega a ser um preparo "não saudável". O que acontece é que uma porção relativamente pequena dessa versão oferece uma grande quantidade de calorias e, como se trata de uma comida deliciosa, a maioria das pessoas não consegue comer pouco e acaba ultrapassando a quantidade ideal de calorias para uma refeição mesmo depois da saciedade.

Por essa razão, priorizei elaborar uma versão mais leve para que as pessoas pudessem comer "sem culpa" de ultrapassar a quantidade de calorias necessárias para a refeição em questão. Assim, substituí a mandioca por couve-flor, que é um legume leve, de sabor neutro, com pouquíssimo carboidrato e rico em fibras, e abóbora, um vegetal com quantidade moderada de carboidrato e muito sabor, e essa dupla garante um purê tão gostoso quanto o tradicional purê de mandioca, só que menos calórico e mais nutritivo.

Para diferenciar mais ainda da versão tradicional, em vez de carne ou frango, por que não uma opção vegetariana? Uma bolonhesa de lentilhas!

E deu muito certo! Um prato cheio de sabor, com vários alimentos naturais que, combinados, formam um dos melhores pratos disponíveis neste livro. Garanto que até quem não abre mão de uma picanha malpassada vai se impressionar com o sabor desse escondidinho.

Tem como não amar os seus ensinamentos? Tudo melhorou por aqui. Perdi 12 quilos sem fazer dieta, só mudando a alimentação com as suas receitas, e senti a melhora na minha saúde. Me sinto melhor, sabe? Estou mais leve... até os melasmas no rosto diminuíram. Estou tão feliz! Meu marido estava com todas as taxas alteradas e no último exame que fez estão todas normais. Minha mãe de 79 anos teve que fazer uma cirurgia de grande porte na coluna e, apesar da idade, conseguiu se recuperar muito bem.
Me fala, Dani, como não amar você? Muito obrigada!

APRENDA E APLIQUE

Gosto de preparar essa receita quando quero impressionar, por isso a escolhi neste momento do livro para que você a prepare em clima de comemoração, celebrando o processo que está iniciando e essa nova fase da sua vida. Se for possível, tenha do seu lado a companhia de alguém que você ama.

ESCONDIDINHO DE LENTILHAS COM ABÓBORA E COUVE-FLOR

BOLONHESA DE LENTILHA

ingredientes:

1 xícara de chá de lentilha deixada de molho por 6 horas, lavada e escorrida

1 cebola grande picada fina

3 dentes de alho socados

½ xícara de chá de salsinha picada

½ colher de chá de sal marinho

½ colher de chá de cominho em pó

½ colher de chá de páprica defumada

½ xícara de chá de água

2 a 3 xícaras de chá do molho de tomate nutritivo, cuja receita está na página 45

Azeite para refogar

Pimenta-do-reino a gosto

modo de preparo:

1. Aqueça uma panela em fogo médio, coloque 3 colheres de sopa de azeite e as especiarias e refogue a cebola até murchar. Em seguida, acrescente o alho e refogue por mais 1 minuto.

2. Acrescente a lentilha, tempere com sal, páprica e cominho, coloque um pouco de água e deixe refogar por cerca de 5 minutos, mexendo de vez em quando para não grudar no fundo.

3. Por fim, adicione o molho de tomate e a salsinha picada e ajuste os temperos com sal e pimenta-do-reino.

SAÚDE É FELICIDADE!

PURÊ DE VEGETAIS

ingredientes:

½ abóbora cabotiã sem casca cortada em cubos

1 couve-flor média (somente os floretes)

1 colher de sopa de manteiga

Azeite, sal, pimenta-do-reino e noz-moscada

Queijo parmesão para finalizar (opcional)

Orégano fresco para finalizar (opcional)

modo de preparo:

1. Em uma fôrma, coloque os legumes, regue com azeite e tempere todos os pedaços com uma pitada de sal e pimenta-do-reino.

2. Leve para assar em forno preaquecido a 200°C por 25 minutos ou até ficarem macios.

3. Ainda quente, amasse junto com a manteiga.

4. Tempere com mais uma pitada de sal, noz-moscada ralada na hora e pimenta-do-reino. O purê fica rústico.

montagem:

1. Coloque o molho de lentilhas no fundo do refratário.

2. Cubra com o purê de couve-flor e abóbora.

3. Finalize com parmesão ralado e orégano fresco. Leve ao forno preaquecido a 200°C para derreter o queijo e gratinar e ficar levemente dourado. Sirva com folhas frescas.

CONCLUSÃO

A cozinha é um lugar de consagração do amor

Houve um tempo na minha vida em que eu achava que o amor podia esperar. Hoje sei que o verdadeiro amor se antecipa. Se antecipa no dia a dia, com aqueles trinta minutos que acordamos mais cedo, antes de todos, com a retirada da carne do congelador à noite para ser preparada no dia seguinte, com a higienização das verduras para o consumo da semana e com a geladeira e os armários limpos e organizados para enxergarmos com clareza o que há dentro.

O amor se antecipa quando recebemos em casa alguém com fome e a comida já está na mesa, ou quando abrimos a porta para o entregador de encomendas com um copo de água gelada na mão.

Todas essas coisas poderiam esperar, mas com o verdadeiro amor elas se antecipam e refletem a caridade. A caridade com você, primeiramente, que aprendeu neste livro que a saúde do seu corpo é importante, e a caridade com o próximo, que pode ter a vida transformada pelas suas atitudes.

A cozinha é um belo cenário para atos de amor. Estar na cozinha manipulando ingredientes naturais e preparando uma comida verdadeiramente saudável é uma demonstração de amor-próprio e de amor para com os outros ao nosso redor, porque uma refeição tem o poder de demonstrar afeto, aproximar as pessoas e conectar o ser humano com a sua natureza de ser e compartilhar, a sua essência expressa no ato de prover o próprio alimento.

Quando você se entrega a esses momentos, cozinhar se torna uma meditação. É uma ação que tira da frente as preocupações externas e alivia, mesmo que apenas por um momento. Você se volta para quem é, para o afeto que recebe e doa por meio de uma refeição, e para suas reais necessidades que, nesse caso, serão atendidas por um alimento.

São inúmeras as sensações envolvidas. Cozinhar permite visualizar as cores e a beleza dos alimentos, sentir um cheiro agradável, degustar algo saboroso, recordar momentos especiais, trazer para perto do coração as pessoas que estão longe e fortalecer a conexão entre os que estão próximos, pois em volta de uma mesa compartilhamos, além de refeições, memórias, conversas e sorrisos.

Eu me recordo da história de uma mulher que me acompanhava pelas redes sociais e que me contou que tinha um relacionamento frio e distante com a filha adolescente. Mãe e filha mal se falavam, o que, para ela, era uma grande dor. Tenho certeza de que para a filha também era, por mais que ela não demonstrasse.

Essa mulher, esposa e mãe detestava cozinhar e, por isso, não se esforçava em aprender como fazer uma boa comida. Para resolver essa questão, pedia marmitas todos os dias, mesmo estando em casa.

Um belo dia, ela conheceu o meu trabalho nas redes sociais. Então me acompanhou a princípio sem nenhum interesse em cozinhar, porque ainda não gostava dessa tarefa, mas atraída por uma coisa que lhe chamou a atenção: a troca de afeto entre os meus filhos e eu quando eu os servia com a comida que preparava.

Ao me assistir servindo a comida e chamando a família para sentar-se à mesa, ela observava como todos estavam felizes e unidos, agradecidos pelo alimento que receberam. Também notou a minha satisfação vendo os meus filhos apreciarem a comida, elogiarem e até mesmo me dando um abraço e um beijo em retribuição a um simples prato de arroz com feijão. Através da nossa troca de afeto, essa mulher percebeu o quanto estava abrindo mão de interações valiosas por se recusar a cozinhar em casa.

Ela mesma me disse: "Eu nem sentia tanta vontade assim de comer de maneira saudável, mas era um encanto para mim ver seus filhos demonstrarem tanto amor por você. Foi isso que me moveu a tentar".

A receita do molho de tomate nutritivo foi a sua primeira escolha e foi utilizada para o preparo de uma macarronada porque a filha adorava massas. Um tiro certeiro: "Dani, quando o molho ficou pronto e começou a perfumar toda a casa, a minha filha saiu do quarto e veio até a cozinha. Ela olhou para mim e perguntou o que eu estava cozinhando que cheirava tão bem. Dani, a minha filha sorriu para mim. E fazia muito tempo que ela não me olhava daquele jeito. Almoçamos juntas à mesa, e ela até conversou comigo".

Fazer algo com as próprias mãos demonstra empenho e amor, eu disse para ela. E acrescentei: sua filha se sentiu muito amada com o seu macarrão e tenho certeza de que, mesmo você não gostando de cozinhar, o sorriso da filha fez valer a pena a disposição para enfrentar algo que parecia difícil.

É incrível dizer: **mãe e filha se aproximaram em uma cozinha que cheirava a comida saudável!** Pense em tantos outros relacionamentos que são resgatados em uma casa que exala o perfume do amor – aquele amor verdadeiro, o que sempre se antecipa.

Quantas de nós fortalecemos os laços com nossos familiares ou amigos no ambiente da cozinha? Entre nossas lembranças mais ternas, sempre haverá uma receita de família, um preparo específico que só a mãe ou a avó sabe fazer e que a gente se orgulha em poder aprender e tentar reproduzir como que recebendo uma preciosa herança.

Tantas heranças guardo comigo dos aprendizados que recebi da minha mãe! Essa é a riqueza que existe no ato de cozinhar com amor. O aprendizado de um valor que é percebido pelos filhos, marido, familiares e amigos, que enxergam amor no pequeno empenho de deixar o tomate picadinho para o vinagrete.

Recentemente, recebi do meu filho de 13 anos uma cartinha em que ele me disse: "Obrigado por ser uma mãe tão boa e cuidar tão bem da gente. Você sempre está de pé e feliz". Esse trecho "de pé e feliz" foi muito marcante para mim, pois é exatamente como os meus filhos me veem em boa parte do nosso tempo juntos.

Quando acordam, eu já estou de pé, na cozinha, preparando o café da manhã. É o primeiro lugar onde eles me veem no dia, onde eu os recebo sempre sorrindo: "bom dia, meus filhos!". Quando voltam da escola na hora do almoço, geralmente estou na cozinha terminando de arrumar a mesa; quando não, me desloco de qualquer outro cômodo da casa para recebê-los: "que bom que vocês chegaram! O almoço está pronto". À noite, quando retornam do futebol por volta das 20 horas, adivinha onde estou. Na cozinha, preparando o jantar. É a esse "de pé e sorrindo" que meu filho se referiu. Creio que até mais que isso, pois são muitos os exemplos do amor que está sempre de prontidão, disposto a amar.

Estar de prontidão é fazer tudo que for necessário com alegria. É como eles me enxergam – amando-os incondicionalmente e demonstrando a cada ação. Mesmo nos dias em que sirvo uma simples omelete, o que fica daquela refeição é o amor. E, se tratando de uma comida saudável, esse amor é potencializado, pois não é só o ato de prover um alimento que vai saciar a fome ou agradar ao paladar, mas um gesto de preocupação com saúde, bem-estar e qualidade de vida, tanto no presente quanto no futuro. Servir uma refeição saudável para o filho, marido ou qualquer outra pessoa demonstra que aquele prato foi feito considerando quão importante é a vida dele. Percebe como isso é forte?

Quando me recordo de onde tudo isso começou – lá naquela fase conturbada que é a adolescência –, percebo como uma única pessoa que transforma os seus hábitos alimentares impacta positivamente uma grande rede de relações interpessoais. Olha onde veio parar aquele desejo de uma menina de 15 anos que só queria se sentir mais bonita! No caminho para atender a esse simples desejo, minha consciência se expandiu e a mudança nos meus hábitos transformou o contexto de alimentação da minha casa. Essa transformação, um pouco depois, foi determinante para a saúde da minha mãe. Com mais algum tempo de dedicação, ajudou a transformar, também, a vida de inúmeras outras mulheres e famílias ao longo de todos esses anos.

E o mais importante de tudo: a transformação dos meus hábitos alimentares se constituiu uma expressão de amor pela vida das pessoas que Deus me confiou para cuidar, e de respeito pelo corpo, alma e espírito que recebi Dele. Também foi o que me deu a oportunidade de estar aqui, agora, conversando com você através deste livro, convidando outra vida a fazer algo que é bom, tanto para si quanto para os que estão à sua volta, movimento que agrada a Deus.

Se você deseja cuidar mais de si, se sentir mais bonita e valorizada, relacionar-se melhor com as pessoas, sentir seu corpo pleno de saúde... o que quer que seja, vamos lá! Não dê ouvidos para nada que atrapalhe o seu desejo de se alimentar de maneira mais saudável, tampouco acredite que negligenciar o próprio corpo é um protesto contra os padrões da sociedade, pois não é.

Persista em buscar a sua melhor versão. E faça da cozinha a sua grande aliada nesse processo. É naquele ambiente que você vai preparar o que nutre e transforma a sua vida e o seu ambiente, incluindo as pessoas amadas que fazem parte dele. Sobretudo, é na cozinha que você vai celebrar o amor da maneira que você decidir expressá-lo para si mesma, para os seus e para Deus pela maneira como você honra esses templos sagrados que são seu corpo e seu lar.

O seu corpo vai se recuperar, se equilibrar e se restaurar, suas relações serão fortalecidas. Seu cérebro vai traçar novas rotas, construir novos hábitos, aderir a novas preferências. A cada novo prato saudável elaborado, você fará uma descoberta das suas potencialidades. Você vai gostar mais do que vê nos exames e no espelho, mas também vai ter conquistas que são ainda mais valiosas, a começar pelo entendimento do quão sagrado é o ato de se alimentar de maneira saudável.

Se precisar ser resumida a uma única palavra, a cozinha saudável é simplesmente **amor**. Uma casa que cheira a comida saudável cheira a amor. E se nutrir de amor é o que gera felicidade.

CHOCOBOLO
A HISTÓRIA QUE A RECEITA CONTA

O Chocobolo surgiu em 2015. Eu já cozinhava e me alimentava de maneira saudável, mas preparar bolos e doces nas versões saudáveis não era a minha praia.

Cada chef tem suas preferências. Há quem se especialize em pães, outros em carnes, massas ou doces, por exemplo. A minha preferência era lidar com os vegetais. Talvez porque eu não tinha tanta paciência para usar os ingredientes, pesando tudo com a exatidão que a confeitaria exige para uma receita ficar perfeita.

Aconteceu que, um belo dia, minha irmã surgiu em um almoço de família com um bolo de banana saudável e delicioso. Daí começamos aquela conversa de cozinheira: "Como você preparou? O que colocou no bolo? Passa a receita?".

Pedi a receita com a certeza de que conseguiria fazer em casa, afinal, eu já tinha prática na cozinha e sabia fazer inúmeros preparos. Imagine se eu não ia conseguir fazer um inofensivo bolo de banana? No entanto, na primeira tentativa, o resultado foi do forno direto para o lixo.

Meu bolo ficou um desastre. Dentro do forno, ele cresceu e parecia perfeito, mas, quando eu tirei, murchou e se mostrou totalmente cru por dentro. *Vamos lá, paciência! É assim mesmo*, eu disse para mim antes de tentar de novo.

Conferi a receita com a minha irmã, comprei os ingredientes novamente, ajustei tudo que me pareceu que poderia ter colaborado para o insucesso do primeiro bolo e preparei o segundo. Resultado? Mais um desastre. Dessa vez o bolo quase queimou por fora e, por dentro, continuou cru.

Você já deve ter visto alguém dizer, com muita decepção, sobre um preparo que deu errado: "Nossa! Mas eu segui certinho a receita...". Pois é, também aconteceu comigo. Não tinha mais o que ajustar no preparo, eu realmente tinha seguido a orientação. Cheguei a pensar que minha irmã pudesse ter esquecido de me falar algum detalhe, que talvez nossos copos medidores fossem diferentes, que o material da fôrma tivesse interferido no resultado. Pensei em todas as variáveis procurando uma razão para o meu bolo ficar com aquele aspecto de mingau por dentro, mas nenhuma dessas hipóteses fez sentido.

Então comecei a cogitar mudar os ingredientes: talvez se eu colocasse mais aveia, mudasse a variedade da banana, usasse outro tipo de farinha, acrescentasse cacau... Fui alterando até os ingredientes para ver se alguma coisa dava certo.

Minhas experiências seguiram, sem muito sucesso, até o quinto bolo. A essa altura, ele já não ia mais do forno para o lixo, dava para comer. Mas por que nos contentarmos com uma receita saudável apenas comestível se podemos ter uma bonita, cheirosa e saborosa?

Inconformada, resolvi repassar os detalhes do preparo mais uma vez com a minha irmã. Até que descobri uma coisa tão simples, mas tão simples, que fiquei envergonhada. Como – com anos de experiência na cozinha – eu não havia pensado nisso antes? A diferença era o forno.

Minha irmã usava um forno elétrico. Eu, a gás. No forno dela, 180°C era uma temperatura adequada para assar o bolo por dentro e por fora em 30 minutos. Já no meu essa mesma temperatura e tempo só eram suficientes para assar o bolo por fora.

O tipo do forno influencia o comportamento dos alimentos dentro dele. Geralmente, um bom forno elétrico assa mais rápido que um forno convencional a gás ajustado na mesma temperatura. Exemplo: se uma receita sugere assar um bolo por 30 minutos a 180°C, em um forno a gás de um fogão de 4 bocas podemos considerar aquecê-lo entre 230°C e 250°C; já num forno elétrico de 38 litros, 170°C poderão ser suficientes para os mesmos 30 minutos de cozimento.

A regulagem da saída de calor do forno elétrico também precisa ser observada. Em vários modelos, podemos definir se o calor sairá pela parte inferior, superior ou ambas dentro do forno. Principalmente para pães e bolos, o ideal é regular o forno para que o calor saia de cima e de baixo.

Vale lembrar, também, que pães e bolos devem ser assados sempre em temperatura média, pois são preparos que necessitam assar, simultaneamente, por dentro e por fora. Se o forno estiver aquecido em alta temperatura, como quando assamos uma peça grande de carne, vai criar uma espécie de "selagem" na massa que atrapalha o cozimento da parte interior. Sabe quando selamos uma carne na frigideira para dourar por fora e ficar suculenta por dentro? Nos bolos, esse efeito é um desastre.

No meu forno a gás de um fogão de 4 bocas, a temperatura ideal para assar bolos é de 200°C por 40 minutos. Era só esse o problema que fazia os meus bolos darem errado: um ajuste no tempo e na temperatura.

Depois de aprender isso, nunca mais errei o ponto de cozimento de um bolo. Tive a oportunidade de cozinhar em muitos fornos diferentes quando atendia como personal chef e os bolos sempre deram certo, ajustando a temperatura e o tempo, conforme o tipo e o tamanho do forno.

O lado bom de ter passado um pequeno perrengue para aprender a fazer o meu primeiro bolo saudável é que, depois de tanto alterar a receita daquele bolo de banana, acabei chegando a um bolo de banana com chocolate que se tornou o bolo saudável mais querido deste Brasil – o Chocobolo.

Dani, emagreci 10 quilos do ano passado para cá. Tomo café sem açúcar hoje e estou mudando os hábitos aqui da minha casa. Meus filhos, quando faço alguma coisa diferente, me chamam de "Master Chef". Estão se adaptando e gostando de comer as coisas que preparo. Toda semana, faço o seu Chocobolo. Que bolo é esse, Dani? Eles adoram! Obrigada por dividir conosco o seu conhecimento com tanta dedicação. Que Deus te abençoe sempre.

APRENDA E APLIQUE

Essa é uma das receitas que mais amo. O primeiro bolo saudável que aprendi a fazer e que é símbolo do meu amor para os meus até hoje. Se a gente ama por meio da comida saudável, que delícia poder fazê-lo com um bolo de chocolate!

CHOCOBOLO

O MELHOR BOLO SAUDÁVEL DA VIDA

ingredientes (parte 1):

- 1 xícara de chá de farinha de amêndoas
- ½ xícara de chá de farelo de aveia
- 1 colher de sopa de fécula de mandioca ou de batata
- 1 colher de sopa de psyllium
- 4 colheres de sopa de cacau em pó
- 1 colher de sopa de fermento químico para bolo

ingredientes (parte 2):

- 3 bananas-nanicas bem maduras
- 3 ovos
- 4 colheres de sopa de óleo de coco ou manteiga derretida
- 4 colheres de sopa de açúcar de coco
- 4 colheres de sopa de adoçante natural (uso eritritol)
- 1 colher de chá de extrato de baunilha

modo de preparo:

1. Preaqueça o forno a 180°C e unte a fôrma retangular de 24 cm com óleo de coco.
2. Em uma tigela, coloque todos os ingredientes secos (parte 1) e reserve.
3. No liquidificador, bata todos os demais ingredientes (parte 2) por 3 minutos.
4. Misture o líquido nas farinhas, mexendo suavemente até incorporar bem.
5. Asse por 25 a 30 minutos a 180°C.

sugestão de cobertura:

- 100 g de chocolate 50% ou 70%, conforme a sua preferência
- ¼ de xícara de chá de bebida vegetal (uso de amêndoas)

modo de preparo:

1. Derreta o chocolate com o leite em banho-maria ou no micro-ondas (lembre-se de retirar a cada 30 segundos para misturar).
2. Espalhe por cima do bolo ainda quente.

A COZINHA É UM LUGAR DE CONSAGRAÇÃO DO AMOR

Um leque de receitas saudáveis para inspirar

Durante o processo de mudança de hábitos alimentares, ter um leque de receitas saudáveis e deliciosas ajuda muito a manter o foco e superar as dificuldades sem perder de vista o prazer de comer bem em todas as refeições. Pensando nisso, preparei este anexo como um presente para você. Aqui estão desde os pré-preparos que trazem mais praticidade para o nosso dia a dia até uma seleção das minhas receitas preferidas.

Espero que o receba junto com meu carinho e o desejo genuíno de uma transformação positiva na sua vida e de sua família.

PARTE 1

OS PRÉ-PREPAROS QUE NÃO PODEM FALTAR:

1. Caldo de legumes 191
2. Creme branco com inhame 191
3. Molho de tomate nutritivo 192
4. Tempero completo natural 193

PARTE 2

ALGUMAS DE MINHAS RECEITAS FAVORITAS:

1. Abóbora assada com crosta 195
2. Arroz de couve-flor à grega 196
3. Purê de batata-doce com laranja 197
4. Hambúrguer de quinoa com ketchup saudável 198
5. Quibe de abóbora com quinoa e ricota 200
6. Grão-de-bico com molho vermelho e
   legumes assados 202
7. Peito de frango suculento 204
8. Petiscos de frango empanado com molho
   de mostarda 206
9. Recheio de frango perfeito para tortas e salgados . 208
10. Strogonoff de frango 209
11. Moqueca com tilápia 210
12. Escondidinho *low carb* 211
13. Hambúrguer com batatinhas crocantes 212
14. Panquecas saudáveis 214
15. Pão integral sem glúten 215
16. Granola saudável 216
17. Cookies de chocolate 217
18. Pizza saudável sem glúten 218
19. Pão de queijo com mandioquinha 219
20. Petit gâteau 220

PARTE 1
OS PRÉ-PREPAROS QUE NÃO PODEM FALTAR

CALDO DE LEGUMES

1

ingredientes:

- 1 talo de salsão
- 1 alho-poró (opcional)
- 1 cenoura
- 1 abobrinha
- 1 cebola
- 1 folha de louro fresca
- 2 dentes de alho amassados
- 5 grãos de pimenta-do-reino socados
- 1 colher de sopa de azeite
- 1 colher de chá de sal
- 2 litros de água

modo de preparo:

1. Lave bem todos os legumes e corte em pedaços grandes.
2. Cozinhe em uma panela semitampada com os demais ingredientes por 30 minutos.
3. Retire a folha de louro e bata tudo no liquidificador.

> **DICA**
> *Congele em porções pequenas e utilize para dar mais sabor à comida do dia a dia, como ensopados de carne, frango, peixe, refogados, até mesmo preparar o arroz no caldo de legumes. Fica divino.*

CREME BRANCO COM INHAME

2

ingredientes:

- 1 inhame cozido (aproximadamente 70 g)
- ½ xícara de chá de bebida vegetal de amêndoas, castanha, coco ou de outro sabor de sua preferência
- 1 colher de sopa de azeite
- Água (se necessário)

modo de preparo:

Bata todos os ingredientes no liquidificador até ficar homogêneo.

UM LEQUE DE RECEITAS SAUDÁVEIS PARA INSPIRAR

MOLHO DE TOMATE
NUTRITIVO

3

(QUE VOCÊ APRENDEU NO CAPÍTULO 1)

ingredientes:

8 tomates italianos bem maduros picados em cubos, com pele e sementes

½ pimentão vermelho sem sementes e picado

½ cenoura média crua e ralada

½ beterraba pequena crua e ralada

1 cebola média picada fina

1 inhame pequeno cozido

2 dentes de alho amassados

½ colher de chá de sal

¼ de colher de chá de cúrcuma em pó

1 canela em pau

1 folha de louro fresco

2 colheres de sopa de azeite

Pimenta-do-reino a gosto

10 folhas de manjericão fresco para a finalização

SUGESTÃO

Acrescente esse molho em ensopados de carne, frango, peixe, legumes e em pratos como lasanha de berinjela, molho à bolonhesa, escondidinho e strogonoff. Resumindo: em qualquer preparo que leve molho de tomate, use esse a partir de hoje.

modo de preparo:

1. Aqueça uma panela em temperatura média, refogue no azeite a cebola, a canela, a folha de louro e a cúrcuma por cerca de um minuto, acrescente o alho e misture.

2. Assim que a cebola murchar e ficar transparente (sem dourar), acrescente os tomates, o pimentão, a cenoura, a beterraba e o inhame. Tempere com sal e pimenta-do-reino.

3. Tampe a panela para cozinhar bem os legumes e misture de vez em quando para não grudar no fundo da panela. Não precisa acrescentar água.

4. Com 10 minutos de cozimento, retire a canela e deixe cozinhar por mais 5 minutos, totalizando aproximadamente 15 minutos de cozimento. O ponto correto é quando todos os ingredientes estiverem bem cozidos, quase derretendo. É importante que os tomates estejam bem maduros, a cenoura e a beterraba raladas e os demais ingredientes bem picados.

5. Desligue o fogo, retire a folha de louro, deixe amornar e bata o molho no liquidificador com as folhas de manjericão. Faça em duas etapas para não forçar a capacidade do aparelho, principalmente se o líquido ainda estiver um pouco quente.

6. Volte o molho para a panela e ajuste o sal, se necessário.

ATENÇÃO:

Algumas marcas de liquidificador, principalmente os modelos com copos de vidro, não recomendam bater líquidos quentes. Se for o seu caso, espere até o molho esfriar completamente antes de bater.

VOCÊ MAIS SAUDÁVEL

TEMPERO COMPLETO
NATURAL
(QUE VOCÊ APRENDEU NO CAPÍTULO 2)

4

ingredientes:

½ xícara de chá de sal marinho ou sal rosa

¼ de xícara de chá de gergelim torrado

1 colher de sopa de alecrim desidratado

1 colher de sopa de orégano desidratado

1 colher de sopa de manjericão desidratado

1 colher de sopa de tomilho desidratado

½ colher de chá de cúrcuma

½ colher de chá de gengibre em pó

½ colher de chá de páprica defumada

½ colher de chá de noz-moscada ralada na hora

Pimenta-do-reino a gosto

modo de preparo:

1. Bata todos os ingredientes no liquidificador até estarem bem misturados.
2. Armazene em um pote de vidro para consumo posterior.

> **Rápido, econômico, fácil, certeiro e delicioso!**
> Pode deixar fora da geladeira, ele vai durar bastante se bem armazenado em um pote hermético.

UM LEQUE DE RECEITAS SAUDÁVEIS PARA INSPIRAR

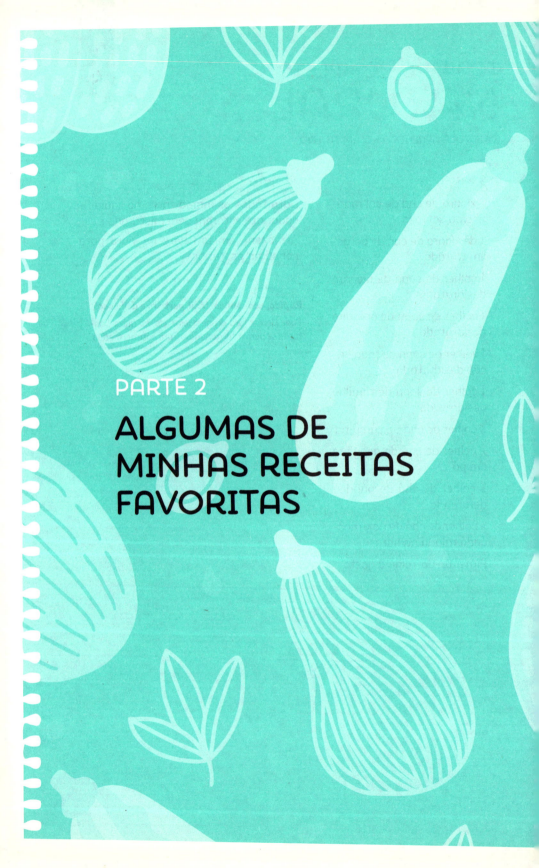

PARTE 2

ALGUMAS DE MINHAS RECEITAS FAVORITAS

ABÓBORA ASSADA
COM CROSTA

1

ingredientes:

¼ de abóbora cabotiã (pode manter a casca)

¼ de xícara de chá de queijo parmesão ralado

2 colheres de sopa de farelo de amaranto, quinoa ou aveia

1 colher de sopa de farinha de linhaça dourada

2 colheres de sopa de salsinha ou cebolinha picada

2 dentes de alho socados

1 colher de sopa de azeite

¼ de colher de chá de sal

¼ de colher de chá de páprica doce

¼ de colher de chá de cúrcuma

Pitada de orégano desidratado

Pimenta-do-reino a gosto

modo de preparo:

1. Preaqueça o forno a 180°C. Corte a abóbora em fatias.

2. Unte a fôrma com azeite ou forre com papel antiaderente próprio para assados.

3. Em uma tigela, misture o queijo com o farelo de amaranto, a farinha de linhaça, salsinha, alho, azeite, sal, especiarias e pimenta-do-reino, criando uma farofinha úmida.

4. Espalhe as fatias de abóbora em uma assadeira e cubra cada uma com um fio de azeite e uma pitada de sal. Por cima de cada fatia, espalhe a farofa formando uma crosta.

5. Leve para assar por aproximadamente 25 ou 30 minutos.

UM LEQUE DE RECEITAS SAUDÁVEIS PARA INSPIRAR

ARROZ DE COUVE-FLOR À GREGA

COM CENOURA, ERVILHAS E COCO

ingredientes:

1 couve-flor média (apenas os floretes)

1 cebola picada fina

3 dentes de alho socados

1 colher de sopa de manteiga

½ xícara de chá de cenoura crua em cubos

¼ de xícara de chá de ervilhas frescas ou em lata

¼ de xícara de chá de coco seco ralado ou em lascas

2 colheres de sopa de coentro ou cebolinha picada

½ colher de chá de sal rosa ou marinho

Pimenta-do-reino a gosto

Nozes para finalizar

modo de preparo:

1. Coloque os floretes de molho em água com vinagre de maçã por 5 minutos para retirar aquele "cheirinho" da couve-flor. Depois descarte a água e deixe escorrer bem.

2. Bata a couve-flor em um processador até obter um aspecto de arroz. Faça em duas etapas, se necessário, e não processe demais para não virar farinha de couve-flor. A couve-flor pode ser ralada em um ralador manual na parte mais grossa, se preferir.

3. Aqueça uma panela em temperatura média e refogue a cebola na manteiga até murchar. Acrescente o alho e deixe refogar sem dourar.

4. Coloque a cenoura picada, as ervilhas, tempere com uma pitada de sal e refogue por 1 minuto, mexendo sem parar.

5. Em seguida, acrescente a couve-flor processada, tempere com sal, pimenta-do-reino a gosto e refogue por 4 minutos, misturando vigorosamente. Não coloque água nem tampe a panela.

6. Esse tempo pode variar, a depender do calor da panela. A couve-flor deve cozinhar e ficar macia (*al dente*). Cuide para não cozinhar demais e ter um "arroz papa".

7. Retire da panela para interromper o processo de cozimento, coloque em uma travessa e misture o coco e as folhas de coentro. Finalize com nozes picadas por cima.

PURÊ DE BATATA-DOCE COM LARANJA

3

ingredientes:

- 2 batatas-doces cozidas no vapor
- 1 colher de sopa de manteiga
- ½ xícara de chá de suco de laranja
- 2 dentes de alho socados
- ½ colher de chá de sal
- Pimenta-do-reino a gosto

modo de preparo:

1. Corte as batatas em rodelas e cozinhe no vapor.
2. Ainda quentes, amasse-as com o garfo até formar um purê grosso.
3. Aqueça uma panela, coloque a manteiga e refogue o alho.
4. Acrescente o purê de batata, suco de laranja e tempere com sal e pimenta-do-reino a gosto.

UM LEQUE DE RECEITAS SAUDÁVEIS PARA INSPIRAR

HAMBÚRGUER DE QUINOA COM KETCHUP SAUDÁVEL

4

QUINOA

ingredientes:

150 g de quinoa cozida (equivale a cerca de 1 xícara de chá de quinoa crua)

½ cebola roxa picada fina

1 ovo batido

1 pimenta dedo-de-moça sem semente e picada

2 colheres de sopa de cebolinha picada

60 g de ricota esfarelada (uso a sem lactose, mas use a da sua preferência)

60 g de queijo parmesão ralado

¼ de xícara de chá de farelo de amaranto ou de quinoa

1 colher de chá de sal

½ colher de chá de cominho

modo de preparo:

1. Faça a pré-fervura da quinoa para a retirada de antinutrientes: coloque a quinoa crua em uma panela e cubra com água. Assim que levantar fervura, marque 1 minuto. Descarte a água, lave e escorra.

2. Volte a quinoa para a panela, cubra com água e deixe cozinhar por mais 3 minutos após a fervura. Desligue o fogo, escorra e deixe esfriar totalmente.

3. Misture a quinoa cozida e fria com os demais ingredientes e amasse bem com as mãos.

4. Em uma fôrma untada com azeite ou forrada com papel antiaderente culinário, posicione o cortador redondo de inox (uso de 12 cm) e preencha com a massa de quinoa até formar um hambúrguer com espessura de um dedo (em média, 2 colheres de sopa da massa de quinoa).

5. Asse em forno preaquecido a 200°C por 25 a 30 minutos ou até ficarem levemente dourados.

6. Sirva com o molho ketchup.

VOCÊ MAIS SAUDÁVEL

MOLHO KETCHUP

ingredientes:

1 xícara de chá de molho de tomate nutritivo bem batido (p. 192)

2 colheres de sopa de vinagre de maçã

1 colher de sopa de melado de cana ou néctar de coco

½ colher de chá de sal

⅛ de colher de chá de cravo em pó (sim, é bem pouco, metade da colherzinha de ¼)

modo de preparo:

Levar todos os ingredientes ao fogo e deixar reduzir até incorporar.

QUIBE DE ABÓBORA
COM QUINOA E RICOTA

ACOMPANHADO DE SALADA DE FOLHAS COM MOLHO DE IOGURTE E TAHINE

ABÓBORA

ingredientes:

300 g de abóbora cabotiã cortada em cubos

4 colheres de sopa de azeite

2 dentes de alho com casca

½ colher de chá de sal rosa

Pimenta-do-reino a gosto

modo de preparo:

1. Preaqueça o forno a 200°C. Distribua os pedaços de abóbora em uma fôrma, regue com azeite, tempere com sal e pimenta-do-reino e misture bem.

2. Espalhe os dentes de alho por cima e leve para assar por 30 minutos ou até ficarem macios.

3. Quando terminar, ainda quentes, amasse as abóboras com um garfo para fazer o purê. Descasque o alho e amasse junto.

QUINOA

ingredientes:

⅓ de xícara de chá de quinoa crua

Água para o cozimento

Pitada de sal

modo de preparo:

1. Coloque a quinoa crua em uma panela e cubra com água. Assim que levantar fervura, marque 1 minuto.

2. Descarte a água, lave e escorra.

3. Volte a quinoa para a panela, cubra com água e deixe cozinhar por mais 3 minutos após a fervura. Desligue o fogo, escorra e deixe esfriar totalmente.

RECHEIO

ingredientes:

⅓ de xícara de chá de ricota esfarelada

2 colheres de sopa de salsinha

1 colher de sopa de azeite

1 pitada de noz-moscada ralada na hora

¼ de colher de chá de sal

modo de preparo:

Misture tudo e reserve.

QUIBE

ingredientes:

1 e ½ xícara de chá de purê de abóbora

1 xícara de chá de quinoa cozida

½ colher de chá de pimenta síria

¼ de colher de chá de sal

1 colher de chá de gergelim para decoração (opcional)

modo de preparo:

1. Preaqueça o forno a 200°C. Em uma tigela, misture todos os ingredientes até formar uma massa firme.
2. Unte um refratário com azeite e distribua a metade da massa. Coloque o recheio e cubra com o restante da massa, pressionando e alisando.
3. Faça cortes na diagonal para decorar e espalhe por cima o gergelim.
4. Leve ao forno entre 15 e 20 minutos, apenas para esquentar e dourar por cima.
5. Retire do forno e sirva acompanhado de salada de folhas.

MOLHO DE IOGURTE E TAHINE | PARA A SALADA |

ingredientes:

1 copo de iogurte natural sem lactose

2 colheres de sopa de tahine (pasta de gergelim típica da cozinha árabe)

1 colher de sopa de azeite

1 colher de sopa de vinagre de maçã

Sumo de 1 limão

Pitada de sal

modo de preparo:

Misture tudo com um garfo ou fouet. Guarde na geladeira até o momento de servir. Despeje por cima dos vegetais assados.

> **DICAS:**
>
> *Aproveite a receita e varie a escolha dos vegetais. Procure atentar para combinar aqueles que precisam do mesmo tempo de cozimento: brócolis, couve-flor, abobrinha e chuchu cozinham mais rápido, enquanto batata-doce, abóbora e cenoura demoram um pouco mais para ficarem macias.*
>
> *Você pode fazer essa receita em maior quantidade e aproveitar no café da manhã. Guarde na geladeira e, no dia seguinte, aqueça para comer com ovos mexidos – uma excelente opção para substituir os pães industrializados e outros preparos com farinhas refinadas.*

UM LEQUE DE RECEITAS SAUDÁVEIS PARA INSPIRAR

GRÃO-DE-BICO
COM MOLHO VERMELHO
E LEGUMES ASSADOS

6

ingredientes:

- 1 e ½ xícara de chá de grão-de--bico cozido
- 6 tomates italianos bem maduros cortados em 4 partes
- 2 berinjelas pequenas ou 1 grande cortada em cubos médios
- 1 ramo de brócolis pequeno (apenas floretes)
- 10 tomates-cereja cortados ao meio
- ½ cenoura ralada no lado mais fino do ralador
- ½ cebola picadinha fina
- ½ pimentão vermelho em cubos pequenos
- 2 dentes de alho ralados ou socados
- ½ colher de chá de páprica doce (para os legumes assados)
- ½ colher de chá de sal (para os legumes assados)
- ¼ de colher de chá de páprica defumada
- ¼ de colher de chá de páprica doce
- ¼ de colher de chá de páprica picante
- ¼ de colher de chá de cúrcuma
- 10 folhas de manjericão (separe uns 4 talos e pique igual cebolinha)
- 1 talo de salsão picado (opcional)
- 1 colher de chá de melado de cana (opcional)
- Pitada de pimenta calabresa (opcional)
- Queijo parmesão ralado para finalização (opcional)
- Azeite para refogar
- Pimenta-do-reino a gosto

VOCÊ MAIS SAUDÁVEL

modo de preparo:

1. Preaqueça o forno a 220°C. Em uma fôrma, coloque a berinjela, os brócolis e os tomates-cereja. Regue com azeite e tempere com sal, páprica doce e pimenta-do-reino. Misture bem para temperar todos os legumes. Leve ao forno para assar por 20 a 25 minutos ou até ficarem levemente dourados.

2. Bata os tomates no liquidificador. Reserve.

3. Em uma panela, coloque 3 colheres de sopa de azeite e refogue a cebola, pimentão, cenoura, salsão, talo do manjericão picadinho e as especiarias (pápricas e cúrcuma). Tempere com uma pitada de sal e, assim que murchar tudo, entre com o alho e misture por mais 1 minuto.

4. Acrescente o molho de tomate batido e o melado de cana. Tempere com mais uma pitada de sal, pimenta calabresa e 5 folhas de manjericão picadas. Tampe a panela e deixe cozinhar em fogo médio por 5 minutos ou até encorpar.

5. Abaixe o fogo e acrescente ao molho o grão-de-bico e os legumes já assados. Misture. Ajuste o sal, a pimenta-do-reino e finalize com o restante das folhas de manjericão.

> **SUGESTÃO:**
> *Antes de servir, polvilhe queijo parmesão ralado por cima e um fio de azeite. Acompanha bem com arroz branco.*

PEITO DE FRANGO
SUCULENTO

7

FRANGO

ingredientes:

2 peitos de frango corta-
dos ao meio, no sentido do
comprimento, para formar
filés mais finos

Pitada de sal, cúrcuma, páprica defumada e picante

Pimenta-do-reino a gosto

1 colher de sopa de vinagre
de maçã

modo de preparo:

Com o frango descongelado, espalhe o
vinagre de maçã e tempere-o dos dois
lados com uma pitada de sal, cúrcuma,
páprica defumada e picante, pimenta-
-do-reino.

Deixe marinando por, pelo menos,
30 minutos. Quanto mais tempo, melhor.

VOCÊ MAIS SAUDÁVEL

MOLHO

ingredientes:

1 colher de sopa de manteiga

2 colheres de sopa de azeite

1 folha de louro fresca

1 cebola picada fina

2 dentes de alho socados

100 g de cogumelos shitake cortados em cubos

1 punhado de folhas de espinafre picadas

Sumo de ½ limão-siciliano

½ xícara de chá de vinho branco seco (opcional)

¼ de colher de chá de noz--moscada

½ colher de chá de sal

Creme branco com inhame (p. 191)

modo de preparo:

1. Aqueça uma panela em temperatura média, coloque o azeite e a manteiga e doure o frango dos dois lados. Desligue o fogo, retire o frango e reserve. O frango não vai estar totalmente cozido, mas tudo bem, essa etapa serve para dourá-lo. Um detalhe importante: cuidar da temperatura da panela para não queimar a gordura.

2. Na mesma panela (sem lavar, aproveitando todo o fundo), refogue a cebola junto com a folha de louro até murchar. Acrescente o alho, misture por mais 1 minuto e, em seguida, coloque os cogumelos e uma pitada de sal e cozinhe até murchar e ficar sequinho.

3. Coloque o vinho branco, espere evaporar e acrescente o sumo de limão, o creme branco com inhame, uma pitada de sal e noz-moscada.

4. Volte os filés de frango para a panela (junto com o líquido que provavelmente escorreu no prato onde estavam). Tampe e cozinhe por 5 ou 7 minutos. Se necessário, acrescente água aos poucos para preservar o caldo.

5. Quando faltar 1 minuto para finalizar, acrescente as folhas de espinafre e misture. Finalize com pimenta-do-reino a gosto.

6. Sirva acompanhado de arroz branco ou integral, farofa e legumes assados.

PETISCOS DE FRANGO
EMPANADO COM
MOLHO DE MOSTARDA

8

FRANGO

ingredientes:

- 300 g de peito de frango cortado em tiras finas
- 2 ovos batidos
- ½ xícara de chá de farinha de amêndoas
- ½ xícara de chá de farelo de amaranto
- ½ xícara de chá de parmesão ralado fino
- ¼ de xícara de chá de farinha Zaya, de arroz ou de fubá
- 1 colher de chá de mostarda em pó
- ½ colher de alho em pó
- ½ colher de chá de cúrcuma
- ½ colher de chá de orégano, manjericão, tomilho ou alecrim picado
- ½ colher de chá de sal
- Pimenta-do-reino a gosto

modo de preparo:

1. Em uma tigela, tempere o frango com ½ colher de chá de sal e pimenta-do-reino a gosto. Reserve.
2. Em outro recipiente, prepare o mix de farinhas temperadas com farinha de amêndoas, amaranto, parmesão ralado, mostarda, alho, cúrcuma, orégano e uma pitada de sal.
3. Coloque em um prato a farinha Zaya e em outro a metade do mix de farinhas temperadas.
4. Para empanar, passe as tiras de frango primeiro na farinha Zaya, depois no ovo e, em seguida, no mix de farinhas temperadas.
5. Espalhe o frango empanado na assadeira antiaderente ou forrada com papel antiaderente culinário. Untar a fôrma com azeite também funciona, mas vai precisar desgrudar o fundo ao final do preparo.
6. Asse em forno preaquecido a 180°C por 15 a 20 minutos ou até dourar levemente.

VOCÊ MAIS SAUDÁVEL

206

MOLHO

ingredientes:

100 g de iogurte natural

Sumo de ½ limão

1 colher de sopa de azeite

1 colher de sopa de melado, calda de tâmaras, néctar de coco ou mel

½ colher de sopa de mostarda de Dijon

¼ de colher de chá de curry

Pitada de sal e pimenta-do-reino a gosto

modo de preparo:

Misture todos os ingredientes com um fouet ou garfo até ficar homogêneo.

RECHEIO DE FRANGO
PERFEITO PARA
TORTAS E SALGADOS

ingredientes:

500 g de peito de frango cozido e desfiado

2 bulbos de alho-poró cortados em fatias finas

3 dentes de alho socados

1 colher de chá de mostarda de Dijon

½ colher de chá de cúrcuma

½ colher de chá de páprica defumada

¼ de colher de chá de páprica picante

½ colher de chá de sal

1 punhado de salsinha ou cebolinha (ou ambas)

2 colheres de sopa de manteiga

1 xícara de chá de creme branco com inhame (p. 191)

¼ de xícara de chá de molho de tomate nutritivo (p. 192)

1 folha de louro

Pimenta-do-reino a gosto

modo de preparo:

1. Aqueça uma panela em fogo médio e refogue o alho-poró na manteiga e acrescente os demais temperos (cúrcuma, pápricas e folha de louro). Em seguida, acrescente o alho e refogue até a cebola murchar. Adicione o frango, tempere com sal e misture.

2. Coloque o molho de tomate nutritivo, a mostarda e o creme branco com inhame.

3. Ajuste os temperos e finalize com salsinha picada.

STROGONOFF DE FRANGO

10

FRANGO

ingredientes:

1 kg de sobrecoxa de frango desossada, sem a pele e cortada em cubos

1 colher de chá de sal

1 colher de chá de vinagre de maçã

modo de preparo:

Misture todos os ingredientes e deixe marinar por 30 minutos em temperatura ambiente.

MOLHO

ingredientes:

1 cebola picada fina

½ pimentão vermelho picado

3 dentes de alho socados

½ pimenta-de-cheiro picada fina

½ xícara de chá de cebolinha picada

½ colher de chá de cúrcuma

½ colher de chá de páprica defumada

½ colher de chá de louro em pó

½ colher de chá de noz-moscada

¼ de colher de chá de páprica picante

¼ de colher de chá de sal

1 colher de sopa de mostarda de Dijon

1 xícara de chá de champignons em conserva lavados e fatiados

2 xícaras de chá de molho de tomate nutritivo (p. 192)

2 xícaras de chá de leite de coco

modo de preparo:

1. Em uma panela em fogo médio, adicione o azeite e doure o frango. Se a panela for estreita, faça aos poucos para não acumular água. Depois de tudo dourado, volte todo o frango para a panela.

2. Acrescente a cebola, o pimentão, o alho, a pimenta-de-cheiro e metade da cebolinha e misture.

3. Acrescente as especiarias, misture e refogue por mais 2 minutos.

4. Adicione o molho de tomate nutritivo, o leite de coco, a mostarda e o sal. Misture e deixe ferver por mais 2 minutos.

5. Coloque o champignon, o restante da cebolinha e cozinhe por 1 minuto. Prove e, se necessário, ajuste o sal.

6. Finalize com pimenta-do-reino a gosto.

MOQUECA COM
TILÁPIA

11

TILÁPIA

ingredientes:

1 kg de tilápia cortada em cubos

1 colher de chá de sal

½ colher de chá de cúrcuma

½ colher de chá de páprica doce

Sumo de ½ limão

Pimenta-do-reino

modo de preparo:

Misture os ingredientes no peixe e reserve.

MOLHO

ingredientes:

5 tomates italianos bem maduros picados

½ cebola picada

½ pimentão vermelho picado

3 dentes de alho socados

1 maço de folhas de coentro picadas

5 talos de coentro picados

½ colher de chá de gengibre ralado

½ colher de chá de páprica defumada

½ colher de chá de páprica doce

¼ de colher de chá de páprica picante

½ colher de chá de sal

1 pitada de pimenta calabresa (opcional)

3 colheres de sopa de azeite

2 xícaras de chá de leite de coco

modo de preparo:

1. Refogue no azeite a cebola, o pimentão e o talo de coentro até murchar.

2. Coloque o alho, refogue mais 1 minuto e acrescente os tomates. Tempere com uma pitadinha de sal, adicione as pápricas e o gengibre e deixe cozinhar em fogo médio com a panela tampada.

3. Enquanto isso, grelhe o peixe em uma frigideira com azeite. Deixe dourar bem de um lado antes de virar. Reserve.

4. Assim que os tomates murcharem bem, acrescente o leite de coco, a pimenta calabresa, acerte o sal e deixe apurar.

5. Quando o molho ficar mais encorpado, abaixe o fogo, coloque parte do coentro e os filés de peixe grelhados. Finalize com coentro para decorar.

ESCONDIDINHO
LOW CARB

12

PURÊ DE COUVE-FLOR

ingredientes:

- 1 couve-flor grande (apenas os floretes)
- ¼ de xícara de chá de leite de coco ou outro leite de sua preferência
- ¼ de colher de chá de sal rosa
- ¼ de colher de chá de noz--moscada ralada na hora
- Pimenta-do-reino a gosto

modo de preparo:

1. Cozinhe os floretes de couve-flor no vapor até que fiquem macios.
2. Processe a couve-flor com o leite de coco, tempere com sal e noz-moscada. Reserve.

RECHEIO DE CARNE PICADINHA

ingredientes:

- 300 g de carne (alcatra ou mignon) em tiras finas
- ½ cebola picada
- 2 dentes de alho socados
- 2 colheres de sopa de manteiga
- ¼ de colher de chá de cominho em pó
- 1 colher de sopa de tomilho fresco
- 2 colheres de sopa de salsinha picada
- ¼ de xícara de chá de shoyu de coco ou vinho tinto (opcional)
- 1 xícara de chá do molho de tomate nutritivo (p. 192)
- ½ xícara de chá de parmesão ralado ou queijo de búfala (para finalizar)

modo de preparo:

1. Tempere a carne com sal e pimenta-do--reino.
2. Aqueça uma panela e sele a carne com uma colher de sopa de manteiga.
3. Na mesma panela, adicione mais manteiga, se necessário, para refogar a cebola, o alho e o cominho. Misture sem parar.
4. Acrescente o shoyu de coco ou vinho e deixe evaporar.
5. Coloque o molho de tomate nutritivo, o tomilho e a cebolinha picada e ajuste os temperos.

montagem:

1. Preaqueça o forno a 200°C. Unte um refratário com azeite e coloque o picadinho de carne.
2. Por cima, espalhe o purê de couve-flor. Finalize com parmesão ralado ou queijo de búfala e leve ao forno para gratinar.

UM LEQUE DE RECEITAS SAUDÁVEIS PARA INSPIRAR

HAMBÚRGUER COM
BATATINHAS CROCANTES

COM DIREITO À MAIONESE

HAMBÚRGUER

ingredientes:

- 1 kg de carne moída (uso patinho)
- 1 cebola picada bem fina
- 1 tomate picado e sem sementes
- 1 e ½ colher de chá de sal
- ½ colher de chá de páprica defumada
- ½ colher de chá de cominho em pó
- ¼ de colher de chá de páprica picante
- 2 colheres de sopa de farelo de amaranto ou de quinoa
- 1 colher de sopa de manteiga
- 1 ovo

modo de preparo:

1. Misture todos os ingredientes, amasse bem a carne e modele no formato desejado.
2. Para grelhar, aqueça uma frigideira em temperatura média, regue com azeite e coloque os hambúrgueres. Espere dourar de um lado e vire para grelhar do outro.

VOCÊ MAIS SAUDÁVEL

BATATINHAS CROCANTES

ingredientes:

- 1 batata-doce grande cortada em palitos
- 2 colheres de sopa de azeite
- 1 colher de sopa de vinagre de maçã
- ½ colher de chá de sal
- 2 ramos de orégano, tomilho ou alecrim fresco

modo de preparo:

1. Coloque as batatas cortadas em um recipiente com água e vinagre por 10 minutos.
2. Escorra e seque bem com papel-toalha ou pano de prato.
3. Tempere com azeite, sal e ervas frescas da sua preferência. Forre uma fôrma com papel antiaderente de uso culinário ou unte com azeite.
4. Espalhe as batatas sem amontoar e leve para assar em forno preaquecido a 220°C por 25 a 30 minutos ou até dourar.

MAIONESE

ingredientes:

- ¾ de xícara de chá de óleo de abacate ou azeite
- 1 colher de chá de mostarda em pó
- ¼ de colher de chá de sal
- Sumo de ½ limão-siciliano
- 1 ovo

modo de preparo:

Coloque no liquidificador ¼ do óleo de abacate, o ovo, suco de limão, mostarda em pó e sal e bata bem. Sem desligar o liquidificador, acrescente o restante do óleo de abacate até a mistura ganhar a consistência desejada.

PANQUECAS SAUDÁVEIS

ingredientes:

½ xícara de chá de farinha de arroz

3 colheres de sopa de farinha de aveia

2 colheres de sopa de polvilho doce

½ xícara de chá de leite vegetal da sua preferência

1 colher de sopa de manteiga derretida

1 colher de sopa de melado de cana

1 ovo

1 pitada de sal

1 pitada de bicarbonato de sódio

1 colher de chá de fermento em pó para bolo

1 colher de chá de extrato de baunilha

Raspas de 1 laranja

modo de preparo:

1. Em uma tigela, adicione ovo, leite, manteiga derretida e melado de cana. Bata com o fouet por uns 3 minutos até tudo incorporar (pode ser batido no liquidificador).

2. Acrescente as farinhas aos poucos, passando por uma peneira antes. Coloque o restante dos ingredientes e misture com o fouet. A textura da massa fica parecida com a de massa de bolo.

3. Aqueça uma frigideira em temperatura média, unte com manteiga e espalhe pequenas porções da massa, conforme o tamanho da sua panela. Geralmente faço panquecas com 1 colher de sopa de massa.

4. Deixe dourar bem de um lado antes de virar.

5. Sirva quentinha, com manteiga, frutas ou acompanhamentos da sua preferência.

PÃO INTEGRAL SEM GLÚTEN

15

ingredientes secos:

1 xícara de chá de farelo de aveia

½ xícara de chá de farinha de arroz integral

½ xícara de chá de fécula de mandioca

1 colher de sopa de sementes de chia

1 colher de sopa de sementes de linhaça dourada

1 colher de sopa de sementes de gergelim

1 colher de sopa de fermento biológico seco

1 colher de sopa de ervas desidratadas (orégano, manjericão, alecrim, tomilho)

1 colher de chá de sal rosa ou marinho

Misture todos os ingredientes em uma tigela e reserve.

ingredientes líquidos:

¾ de xícara de chá de leite vegetal de sua preferência ou água

¼ de xícara de chá de azeite

2 colheres de sopa de melado de cana

2 ovos

Misture bem todos os ingredientes em uma tigela.

modo de preparo:

1. Preaqueça o forno a 180°C. Em uma fôrma de pão de 22 cm untada, despeje o líquido nas farinhas e misture a massa com o auxílio de um fouet até incorporar bem. Espalhe a massa na fôrma e decore com sementinhas por cima.

2. Deixe o pão descansar por cerca de 30 minutos para dobrar de tamanho. Gosto de deixar o pão crescer dentro do micro-ondas (desligado, é claro) em cima uma panela de água quente, criando assim uma espécie de estufa.

3. Crescido, asse por 30 minutos ou até ficar dourado. Desenforme em seguida e espere esfriar para cortar.

UM LEQUE DE RECEITAS SAUDÁVEIS PARA INSPIRAR

GRANOLA SAUDÁVEL

16

ingredientes:

- 2 xícaras de chá de aveia em flocos
- 1 xícara de chá de lascas de coco
- ½ xícara de chá de castanhas-de-caju
- ½ xícara de chá de nozes
- 2 colheres de sopa de sementes de girassol
- 2 colheres de sopa de sementes de abóbora
- 2 colheres de sopa de sementes de gergelim
- 2 colheres de sopa de açúcar de coco
- 2 colheres de sopa de eritritol
- 2 colheres de sopa de óleo de coco
- ¼ de colher de chá de canela
- ¼ de colher de chá de cravo
- 5 damascos secos cortados em cubos

modo de preparo:

1. Misture todos os ingredientes, exceto o damasco, e espalhe em uma fôrma. Leve para assar em forno preaquecido a 180°C por aproximadamente 15 minutos. Abra o forno a cada 5 minutos e misture para que asse tudo por igual. Deixe assar até dourar levemente.

2. Retire do forno, espere esfriar e misture o damasco picado. Guarde em um pote com tampa, dentro da geladeira.

VARIAÇÕES:

- *Aveia em flocos por mais lascas de coco se desejar uma granola mais* low carb.
- *Lascas de coco por coco em pedaços cortados em cubos pequenos.*
- *Castanhas-de-caju e nozes por amêndoas ou pistaches.*
- *Fiz uma combinação de sementes, mas pode ser uma ou outra. Chia é uma boa opção.*
- *Escolha a sua forma de adoçar. Pode combinar – como eu fiz – ou escolher apenas uma das opções. Néctar de coco e calda de tâmaras deixam a granola mais molhada, então, nesse caso, dispense o óleo de coco.*
- *Canela e cravo são opcionais, mas dão um toque especial.*
- *Damasco deixa a granola mais docinha e saborosa, mas também é opcional.*

COOKIES DE CHOCOLATE

17

ingredientes:

- 90 g de manteiga gelada em pasta
- 50 g de eritritol
- 50 g de açúcar demerara
- 1 ovo pequeno (no máximo 50 g com casca)
- ½ colher de chá de extrato de baunilha
- 85 g de farinha de arroz
- 20 g de fécula de mandioca ou polvilho doce
- 20 g de farinha de aveia
- 20 g de cacau em pó
- ½ colher de chá de bicarbonato de sódio
- ½ colher de chá de fermento químico para bolo
- 1 pitada de sal
- 80 g de chocolate 70% picado

modo de preparo:

1. Na batedeira, bata a manteiga com o adoçante e o açúcar até formar um creme claro. Em seguida, acrescente o ovo e o extrato de baunilha e bata novamente até incorporar. Dá para bater com um fouet, mas na batedeira é mais rápido.

2. Acrescente as farinhas ao creme aos poucos, passando por uma peneira grande. Misture com uma espátula ou colher, fazendo movimentos circulares de baixo para cima, delicadamente (não misture na batedeira).

3. Acrescente o chocolate picado e misture. A massa fica firme e rústica.

4. Enrole as bolinhas, distribua em uma assadeira e deixe na geladeira por 1 hora, até ficarem firmes e geladas.

5. Retire da geladeira e leve direto ao forno preaquecido a 180°C por 17 a 20 minutos. A temperatura pode variar conforme o forno, mas ele precisa estar quente em uma temperatura média quando os cookies entrarem. Geralmente, não passa de 20 minutos para assar.

6. Os cookies saem macios do forno. Somente depois de esfriar é que eles ficam sequinhos.

UM LEQUE DE RECEITAS SAUDÁVEIS PARA INSPIRAR

PIZZA SAUDÁVEL
SEM GLÚTEN

SUPERFÁCIL DE FAZER

18

ingredientes:

6 batatas rosas ou inglesas (aproximadamente 750 g)

2 colheres de sopa de azeite

2 colheres de chá de farinha Zaya, de aveia, milho ou de grão-de-bico)

1 colher de chá de cebola desidratada em pó

½ colher de chá de sal

½ colher de chá de alho desidratado em pó ou 1 alho ralado

½ colher de chá de mix de ervas desidratadas (orégano, manjericão, tomilho, alecrim)

½ xícara de chá de queijo parmesão ralado

1 ovo

Pimenta-do-reino a gosto

modo de preparo:

1. Preaqueça o forno a 200°C e unte uma fôrma redonda de 24 cm de diâmetro com azeite ou forre com papel antiaderente para uso culinário. Reserve.

2. Rale as batatas no ralo grosso. Esprema-as para tirar o máximo de água com ajuda de um coador de tecido, pano de prato ou qualquer pano limpinho.

3. Coloque as batatas em um recipiente e misture os demais ingredientes com uma colher.

4. Espalhe o conteúdo na fôrma, pressionando para a "massa" ficar compacta. Asse por 25 a 30 minutos ou até ficar levemente dourada.

5. Recheie com os ingredientes de sua preferência.

SUGESTÃO DE RECHEIO

ingredientes:

2 colheres de sopa de molho de tomate nutritivo (p. 192)

1 xícara de chá de muçarela de búfala

1 maço de minirrúcula

Azeite para finalizar

modo de preparo:

1. Espalhe pela massa o molho de tomate nutritivo e cubra com a muçarela de búfala picada.

2. Volte ao forno para derreter o queijo.

3. Retire e finalize com um maço generoso de minirrúcula e um fio de azeite.

VOCÊ MAIS SAUDÁVEL

PÃO DE QUEIJO COM MANDIOQUINHA

19

ingredientes:

1 xícara de chá de purê de mandioquinha

¾ de xícara de chá de polvilho azedo

½ xícara de chá de polvilho doce

½ xícara de chá de parmesão ralado (opcional)

3 colheres de sopa de azeite de oliva

1 colher de sopa de chia

1 colher de chá de sal rosa

1 colher de café de cúrcuma (opcional)

Água filtrada (para dar ponto, se necessário)

modo de preparo:

1. Cozinhe a mandioquinha no vapor até que amoleça. Assim que estiver macia, retire e amasse enquanto está quente.

2. Em uma tigela, coloque o purê de mandioquinha e os demais ingredientes, exceto a água, e misture com as mãos até que a massa fique bem modelável. Se ficar seca e esfarelando, coloque água aos poucos até chegar ao ponto.

3. Faça bolinhas e espalhe em uma fôrma untada. Asse por 25 a 30 minutos em forno preaquecido a 180°C.

DICAS PARA O SUCESSO:

- *Quanto mais firme o purê, menos féculas serão necessárias.*

- *O parmesão intensifica o sabor de queijo, mas é opcional.*

- *Pode fazer com outros tubérculos, como batata-doce, abóbora, inhame ou mandioca.*

- *Varie nos temperos e use orégano, manjericão, cebolinha, salsinha, pimenta-do-reino.*

- *A chia é opcional, mas eu sugiro que coloque para aumentar o valor nutricional da receita e diminuir o impacto glicêmico.*

- *O azeite pode ser substituído por manteiga derretida ou óleo de coco.*

- *A cúrcuma é opcional, porém deixa o pãozinho mais amarelo e fica lindo.*

UM LEQUE DE RECEITAS SAUDÁVEIS PARA INSPIRAR

PETIT GÂTEAU

20

PARA ENCERRAR COM CHAVE DE OURO

Apesar do nome sofisticado, o petit gâteau, que significa "pequeno bolo", em francês, é uma sobremesa clássica, fácil de fazer e com poucos ingredientes. Consiste em um bolinho fofo por fora, com uma calda que escorre no primeiro corte. Pode ser acompanhado por morangos ou sorvete, já que é servido quente.

Mesmo que seja uma receita simples, para que dê certo é necessário ser obediente no processo para que, após assado, tenhamos um bolo estruturado mas que conserve o centro cremoso de chocolate. Se você deixar 1 minuto a mais no forno, por exemplo, dê adeus a essa calda.

ingredientes:

- 170 g de chocolate 70% cacau ou outro de sua preferência
- 85 g de manteiga
- 2 ovos inteiros
- 2 gemas
- 2 colheres de sopa de eritritol, xilitol ou taumatina
- 2 colheres de sopa de açúcar de coco
- 1 colher de sopa de farinha branca de arroz
- 1 colher de sopa de farinha de aveia
- 1 colher de sopa de polvilho doce ou fécula de mandioca
- 1 colher de chá de extrato de baunilha
- 1 colher de chá de café solúvel em pó
- 1 colher de chá de raspas de laranja
- 1 pitada de sal

modo de preparo:

1. Derreta o chocolate com a manteiga em banho-maria ou no micro-ondas (nesse caso, abra para misturar de 30 em 30 segundos para garantir que não vai queimar). O chocolate precisa derreter sem aquecer demais.
2. Em outra tigela, com um fouet, misture os ovos, as gemas, o açúcar e o adoçante até dissolver bem. Em seguida, adicione o chocolate derretido e continue mexendo sem parar, até tudo ficar incorporado.
3. Acrescente as raspas de laranja, o extrato de baunilha, o café solúvel e a pitada de sal. Mexa bem.
4. Coloque as farinhas, passando por uma peneira, e misture até obter uma massa homogênea. A massa é linda! Um creme consistente de chocolate.

VOCÊ MAIS SAUDÁVEL

5. Unte as forminhas para petit gâteau com manteiga e distribua a massa. Esse bolo não cresce, por isso preencha o espaço da forminha por completo). Esta receita rende cerca de 6 unidades.

6. Asse em forno preaquecido a 210°C por 7 minutos.

7. Desenforme ainda quente e sirva em seguida, com morangos picados ou versões de sorvetes mais saudáveis. Para decorar, bata no liquidificador um pouco de eritritol até ficar bem fininho e polvilhe por cima do bolinho.

O SEGREDO DO SUCESSO:

Se o seu petit gâteau passar do ponto, a receita não estará perdida, apenas se transformará em um bolo comum. Mas se você deseja um petit gâteau fofo por fora e cremoso por dentro a ponto de escorrer, lembre-se de assá-lo por menos tempo e em uma temperatura mais alta do que você utiliza para outros preparos – o suficiente para criar uma espécie de selagem na superfície da massa e formar a estrutura do bolinho.

Minha sugestão é que você avalie o seu forno – se ele é a gás ou elétrico, pequeno, médio ou grande –, pois essa variação influencia na hora de determinar qual será a temperatura e por quanto tempo vai assar.

Veja alguns parâmetros:

- Se você assa bolos a 180°C no seu forno, para o petit gâteau pode ajustar a temperatura em 210°C e 230°C. A 210°C, o bolo ficará pronto em torno de 7 minutos. A 230°C, vai precisar de apenas 5 ou 6 minutos.
- Se o seu forno é grande e você costuma assar bolos a 200°C, pode ajustar a 250°C para o petit gâteau.

No meu forno elétrico, costumo assar bolos comuns a 180°C, por 30 minutos. Os testes que fiz para o petit gâteau nesse forno foram:

- Teste 1: Temperatura: 210°C | Tempo: 7 minutos
- Teste 2: Temperatura: 215°C | Tempo: 6 minutos
- Teste 3: Temperatura: 220°C | Tempo: 6 minutos

Todos deram certo, mas o resultado que mais me agradou foi o do Teste 2, por conta do ponto do recheio. Partindo dessas referências, você pode ajustar o tempo de acordo com o ponto que gosta de servir o seu petit gâteau.

Vale observar, ainda, que os itens café solúvel em pó, raspas de laranja e extrato de baunilha são opcionais. Contudo, insisto que use, pois agregam muito sabor e deixam o bolo especial. Não há quem prove sem comentar, maravilhado: "que sabor delicioso!".

Quanto às fôrmas, vale a pena investir nas forminhas adequadas. Já usei forminhas antiaderentes para cupcakes e deu certo, mas deu mais trabalho para desenformar. Caso não tenha nenhum tipo de fôrma antiaderente, além de untar, será preciso polvilhar farinha para não grudar, mas ela ficará aparente quando desenformado.

"DANI, PODE CONGELAR?"

Sim! É só assar por 1 minuto a menos do que o que você descobriu ser o ideal para o seu forno, esperar amornar para desenformar, colocar em um recipiente tampado e levar ao freezer. Quando for servir, descongele dentro da geladeira por 6 horas. Depois, leve ao micro--ondas por cerca de 15 segundos (o tempo pode variar de acordo com o equipamento – teste o seu) e está pronto para servir!

Também é possível guardar a massa na geladeira para assar no momento desejado. Quando faço essa receita e estamos só meus filhos e eu em casa, asso 3 bolinhos para nós e já deixo a massa na geladeira, pois, quando o meu esposo chegar, ele também vai querer um petit gâteau, é claro.

Ao retirar a massa da geladeira, ela vai estar firme. Será necessário devolvê-la à temperatura ambiente antes de ir para o forno, o que pode ser feito em 20 segundos no micro-ondas. Só então preaqueça o forno e asse normalmente, conforme as instruções anteriores. Assado ou aquecido no momento de servir, o petit gâteau fica perfeito.

Bom apetite!

Este livro foi impresso
pela Edições Loyola em
papel pólen bold 70 g/m²
em julho de 2023.